“更好的班主任”丛书

更好的班级管理智慧

赵福江 主编

上海教育出版社
SHANGHAI EDUCATIONAL PUBLISHING HOUSE

CONTENTS

目录

第二辑

创新班级日常管理

第三辑

赋权，班级民主管理的起点

第四辑

打造有精神的班级

第五辑

把问题变为成长的机会

前　言

新时代对班主任提出了新要求。

这些新要求主要有四个方面，分别是先进的班级观、正确的差异观、清晰的协同观和自觉的学习观。它们都指向同一个目的——让每个学生变得“更好”。这也是“更好的班主任”这套丛书的出版宗旨。

“更好的班主任”丛书包括《更好的班级管理智慧》《更好的班会课》《更好的心理健康课》《更好的学生教育策略》《更好的家校沟通策略》五本，涵盖班主任工作的主要方面，里面全是优秀班主任的实操经验和技术窍门，用丰富多样的典型案例，为新时代班主任提供系统的修炼指南。

第一，示范先进的班级观。教育的根本任务是立德树人。在这套丛书中，我们欣喜地看到许多班主任拥有先进的班级观，他们有的将班级比喻为社会，有的比喻为家庭，有的比喻为一个以任务为核心的团队。在《更好的班级管理智慧》中，我们可以看到优秀班主任们将立德树人这一根本任务落实在班级日常工作中，发挥个性特长，维护集体荣誉，形成了独具特色的带班方略，创建了极有魅力的优秀班级。

第二，认真践行正确的差异观。班主任带班，首要任务是尽快使班级学生形成集体，把集体建设成为一个学生勤奋学习、愉快合作、健康成长的团队。实现这一目标的前提是正确认识和理解学生间天然存在的差异，正确理解学生之间的不同特征等。个体指导须在对个体理解的基础上开展，集体建设也须在理解个体与个体之间关系的基础上开展。在《更好的学生教育策略》中，我们看到了很多班主任践行正确的差异观，实现了因材施教。

第三，保持清晰的协同观。这些优秀的班主任清晰地认识到，家庭环境和社区（社会）环境是学生成长的重要影响因素，有时这些环境的影响力甚至超过学校教育。他们还清晰地认识到，家庭和社区（社会）的影响可以通过一定的方式实现与学校教育的统一。二者的统一就是“协同”。《更好的家校沟通策略》中就有很多家校协同成功育人的精彩故事。

第四，强化自觉的学习观。班主任的自觉学习习惯会对学生产生潜移默化的深刻影响。在班级建设过程中，班主任要有一整套基于自己经验和学习获得的想法、主意、建议和见解，以便引导学生向着正确的方向成长。要带好班，班主任要不断掌握带班技术，不断提升带班能力，不断积累带班智慧。这来自坚持学习的习惯和自觉学习的精神，即来自自觉的学习观。在《更好的班会课》《更好的心理健康课》中，大家能充分感受到“自觉学习”的重要意义。

总之，这套丛书的内容，有些班主任拿来就能用，有些可供班主任参阅思考。新时代班主任，可以从这套丛书中读出到底该秉持怎样的班级观、差异观、协同观和学习观，究竟应该以怎样的方式把学生的想法放在重要位置，并充分发挥学生的想象力和创造力。

全国知名班主任研究专家　耿　申

第一辑

计划，让工作忙而不乱

如何制订班主任工作计划

开学初制订工作计划是班主任最基本的工作之一。但是，不少班主任并不重视这项工作，认为是形式主义，用途不大。为了应付学校的检查，一些班主任干脆沿用自己以前的或抄袭别人的计划。这样做只是浪费时间和精力，对工作水平的提升没有丝毫益处。

事实上，制订班主任工作计划具有重要的意义。

班级发展有其内在规律，对班级事务的处理要有条理。带班不能跟着感觉走，想到什么做什么；也不能被动应付，走一步算一步。教育过程中的变数虽然较多，很多问题无法预设，但是班级大的发展方向还是可以把握的。制订科学的工作计划，不仅可以使自己的工作不至于迷失方向，学生也会感觉到有奔头，有明确的行动指南。

带班好比带兵打仗或做文章。要想打胜仗，不仅需要好的战术，更离不开合理的战略构思和设计；写好一篇文章，不仅需要恰当的表达，更需要谋篇布局。班主任制订工作计划的过程，就是为班级发展布局的过程。优秀的班主任不能仅是将才，更应该是帅才。所谓将才，就是指班主任精于班级管理和教育学生的各种方法；所谓帅才，就是指班主任要像战略家一样，能够为班级长远的发展谋划，不仅看到班级的当下，解决手头的问题，还要考虑到班级一个学期、一个学年，甚至几个学年后的发展状况。

所以，工作计划是给班主任自己用的，不是应付上级检查的。对工作计划重视与否，与班主任带班用心与否、工作境界的高低是密切相关的。

那么，如何制订一份科学的工作计划呢？

一、前期准备

班主任工作具有很强的阶段性、周期性，一般以一个学期为一个工作单元。所以，班主任工作计划最好一个学期制订一次。计划不是想当然、拍脑袋生造出来的，计划制订之前和制订过程中都要进行缜密的思考。每一个班、每一个学期的工作计划都是不同的，因为每个班级有不同的基础和特点，每个学期班级的发展状况也不同。工作计划必须与班级实际情况相配合。

1. 指导思想

班级要在班主任的引领下在原有基础上不断进步。这些进步包括班级整体学习成绩的推进、学生个体素质的提升、班级面貌的不断改善、班级凝聚力的增强、班级荣誉的获得，等等。成绩的取得不是靠运气，而是靠实实在在的工作，靠师生双方共同努力。一个班级健康发展的过程，就是不断积累成功的过程。

2. 基本班情

在制订计划之前，班主任要对班级情况进行全面的了解，否则，计划就是脱离实际的空谈。应了解这些内容：①学生自然状况：人数、男女生比例、学生来源；②入校时的学习成绩：各分数段的学生人数和名单；③学生基本素质：文明礼仪、工作能力、理解能力、表达能力、合作能力等；④学生个性：内向还是外向，对集体事务的参与热情等；⑤学生志向：有无奋斗目标、每个学生的具体奋斗目标等。

掌握这些基本情况是为了了解班级的起点，以便给班级设定切合实际的奋斗目标。班主任接手一个新班时，需要处理大量琐碎的事务，工作量很大。但是，有大局观的班主任不会陷入具体事务中，而忘记抓住奠定班级发展大格局的最佳时机。此时，班主任的工作可以分成两块：一是抓紧时间处理好眼前必须完成的具体工作，如座位、卫生、班干部分工等；二是为班级制订长远发展计划。班主任可以采取“手上做，眼睛看，心里想”的工作策略，一边做事，一边思考和策划，主动工作，不自乱阵脚，不被琐事牵着鼻子走，从一开始就把握好班级发展的大方向。

当然，班主任不可能在短时间内把班级情况了解得十分清楚，接班之初要重点了解班级概况。诸如学生的原始学习成绩、本班在年级中的成绩位次、学生自然状况等信息是可以事先了解清楚的，其他信息可以采用问卷调查、谈话等多种方法采集。

掌握班级基本情况，是制订班主任工作计划前必做的功课。

3. 班级定位

没有十全十美的班级，同样，也没有一无是处的班级。班主任的所谓成功，并不是要把班级带到多么优秀，而是要让班级在原有的基础上获得持续提高。要想达到这个要求，给班级合理定位非常重要。班主任在了解班级情况的同时，要思考以下问题：这个班级有什么特点？根据这些特点可以开展哪些合适的教育活动？班级的起点在哪里？在现有的基础上有哪些地方可以尝试突破？班级最迫切需要解决的问题有哪几个？如何解决？……

每个班级都是不同的，不能用老经验带新班，必须消除成见，用全新的眼光观察新的班级和学生。班级定位准确了，发展方向也就明晰了，行动必然就稳健。

二、基本方法

制订班主任工作计划既要基于班级现有的基础，同时也必须以学校总体工作要求为根据，所以，既要服从大局，又要体现班级特点。计划必须符合教育规律，不能对班级提出不切合实际的要求和指标；要具有实际的指导作用，要务实，不要写空话套话，要有实现的可能。

班主任可以对班级工作进行分类，对各方面工作给出奋斗目标。这些是班主任工作计划的主要内容。它包含了班主任带班的战略部署，即班级通过哪些努力可以达到目标。

具体而言，班级发展目标有两大块。一个是可测量的指标，最重要的是学习成绩的提升，还有班级要获得的荣誉等。这些指标是刚性的。另一个是无形的，与学生的班级生存状态相关，包括安全感、价值感、集体自豪感、精神面貌、幸福指数，等等。要想打造一个生态环境良好、各项指标优秀、良性循环、螺旋式上升的班级，必须依据相对完整的工作方案来逐步实现这些目标。

所以，班主任工作计划应该包括以下内容：①班级学习成绩提升目标以及达成目标的方法；②班级管理目标以及基本措施；③学生素质培养目标；④班级活动开展计划。

对以上各项内容还要有具体的表述。比如，关于班级学习成绩的提升，可以具体从以下几方面展开：①总平均分在年级中的排名，从入校时的第几名可以上升到第几名；②高分数段指标，班级要有多少名学生进入年级前多少名；③减少后进生所占比例，低分数段的学生由多少人减少至多少人；④以上目标可以通过哪些工作达成；等等。

这些目标看上去有些功利，甚至还可能被扣上“不符合素质教育宗旨”的帽子，但是，对一线班主任而言，这样具体的奋斗目标才有现实的意义和可操作性。学生也会因此产生责任感，看到奋斗的方向。随着这些目标的达成，班级会逐步取得进步，教育也在不断地获得阶段性成功。

以下是我在新接班两周后制订的一个班主任工作计划，仅供参考。

第一学期班主任工作计划

根据本班的基础和特点，为促进班级健康发展和学生进步，特制订本学期工作计划。

一、班级管理

制订并完善班级管理制度，包括出勤、课前准备、课堂纪律、集体活动、值日生、轻微违纪行为处理等。通过努力，本班在本学期内基本实现学生自我管理。

1. 通过班主任推荐和学生民主选举组建第一届班委会。

2. 组建班级工作小组，由相应的班委领导各小组完成班级工作。

3. 培训值周班委，确保班级课堂纪律、卫生、集体活动等工作高质量完成。

4. 班级工作各司其职，人人有事做，事事有人做。

5. 完善班级管理流程，让学生明确在学校发生问题时该如何处理、向谁汇报。

6. 选拔优秀班委组建班级管理核心领导小组，承担大部分班级日常管理工作。

二、学习成绩推进

培养优良学风，提升班级整体学习成绩，为提高个人学习成绩创造条件。

1. 组建班级学习小组，培养学生自学、讨论、研究、合作的能力。

2. 拓展课代表工作范围，发挥课代表的教学助理作用。

3. 设计并完善合理的作业管理流程。

4. 推荐各学科学习成绩突出者组建班级学习委员会，建设学科难题攻关小组，发挥成绩优秀学生的优势，带动班级成绩进步。

5. 推荐上述学习委员会成员在班级开设微型讲座，介绍学习方法和学习经验等。

6. 在班级广泛开展“一帮一”“多帮一”活动，改善部分学生薄弱学科的学习状况，争取不让一个学生掉队。

通过以上措施，力争实现以下目标：①班级大型考试总平均分进入年级前3名（目前为第4名）；②10%的学生成绩进入年级领先行列（前20名）；③85%的学生（目前为74%）成绩进入年级中等以上水平（前250名）；④争取消灭低分（年级后100名）。

三、班级文化建设

1. 开展征集班徽活动，设计班级标志。

2. 征集班名和班级发展主题词。

3. 成立美化班级环境小组。

4. 形成有班级特色的海报文化。

5. 建设班级图书馆，设专人管理，抽出一定时间开展读书活动，培养学生的阅读习惯。

四、班级活动

1. 开展“感动班级人物”评选活动，在班级树立一批正面典型。

2. 开发“自塑教育”系列班会，培养学生的能力，帮助学生提高情商，健全人格，全面提升综合素质。

3. 开发嘉宾访谈型班会，拟邀请大学生、留学生、教师、家长等到班级与学生进行交流。

4. 根据学校和班级的实际情况，开展一些有益于提升学生人文素质、文化素养的教育活动，如影视教育、名曲欣赏、美文赏析等。

五、其他教育工作

1. 坚持按照学号顺序与学生进行交流，一学期与学生谈心的总次数要达到100次以上（每学期平均与每个学生交流2—3次）。

2. 利用业余时间对学生进行家访，争取本学期家访覆盖率达到75%。

3. 每周批阅周记，评选优秀周记，优秀周记由学生录入形成电子稿，以备适当的时候结集印刷。

4. 每天利用QQ、电话、短信等与家长沟通，时间不少于半小时。

5. 每周四下午为接待家长时间，接待家长来访，与家长建立常态联系。

6. 每个月利用班级家长QQ群组织网上家长会一次，交流、探讨学生教育问题，拓展家校沟通新渠道。

通过以上努力，争取把班级建设成为班风优良、学风端正、成绩优秀的先进班集体，让每个学生都能体验到成功。

三、调整、完善与后续跟进

制订了具体的工作计划，班主任就可以有条不紊地开展班级工作。班主任工作计划指出了班级整个学期的努力方向，在具体落实中，还要分解到每一周，一件事一件事地去做，一个目标一个目标地去达成。

有道是“计划不如变化快”，班级发展过程中可能会出现各种状况和变数。计划只是提供了行动指南，具有方向性、纲领性的特点，班主任具体操作时，不能实行教条主义，要根据班级情况进行调整，以期更加符合班级发展实际。

制订班级目标时，要脚踏实地，要尊重班级的基本状况，不能好高骛远。即便如此，努力一个学期下来，有些目标也许并不能完成，这是很正常的。对没有实现的目标，要分析原因，进行反思，把未完成的任务作为下一个学期的奋斗目标。开学初有计划、有目标，学期结束时有总结、有反思，这样的班主任工作才是完整的。

以上述我的班主任工作计划为例，我们在“学习成绩推进”的目标中曾规定：学期结束时，争取有 40 人总分进入年级前 250 名。当时班级总人数 47 人，入校时该项指标为 35 人，目标并不算高。这项指标直接指向班级学习成绩较薄弱的一批学生，实现目标的措施就是这些学生的努力和大家的帮助。为此，我们召开了动员会，开展了数次“一对一”谈话，让学生制订追赶目标和学习计划，在班级里组建互助对子，为每个帮助对象配备“导师”，平时注重加强对这些学生的关注与辅导。结果在期末考试中，只有 38 人总分进入年级前 250 名，比预定目标少了 2 人。尽管未完成目标，但学期初制订的工作计划得以贯穿在整个学期中，成为班级一项重要的工作。没有计划，显然就不会有这些配套的行动，这样的计划仍然是有价值的。其实，仔细分析，确实有 6 人实现了进步目标，但是，另有 3 人从前面的名次退步了。而这 3 人并不是重点关注的对象，被忽视了。因为有人退步，才导致目标未能达成。找出原因，就可以有针对性地做工作。于是，这项未完成的任务被纳入了下个学期的工作计划，并且调整了实施策略。

班级工作千头万绪，班级发展任重道远。然而，千里之行，始于足下，班主任高效的工作，就是从科学地制订工作计划开始的。

>>> 陈宇　江苏省南京市第三中学

引导学生制订每日学习、生活计划

学生升入初中后，很多家长反映孩子回家不写作业，催促多遍依然不动手，有的甚至没有坚持写完一份作业的耐心。针对这种情况，为了培养学生良好的学习品质，我决定指导学生制订学习、生活计划。

我让学生每天制订一份家庭学习、生活计划，基本内容包括作业、自主学习、家务、自我小结、家长反馈、老师的话六项（见表1）。

表1　家庭学习、生活计划

<table>
<tr><th></th><th>科目</th><th>内容</th><th>预计时间</th><th>实际用时</th><th>效果评价</th><th>备注</th></tr>
<tr><td rowspan="3">作业</td><td></td><td></td><td></td><td></td><td></td><td rowspan="6"></td></tr>
<tr><td></td><td></td><td></td><td></td><td></td></tr>
<tr><td></td><td></td><td></td><td></td><td></td></tr>
<tr><td rowspan="3">自主学习</td><td></td><td></td><td></td><td></td><td></td></tr>
<tr><td></td><td></td><td></td><td></td><td></td></tr>
<tr><td></td><td></td><td></td><td></td><td></td></tr>
<tr><td>家务</td><td colspan="6"></td></tr>
<tr><td>自我小结</td><td colspan="6"></td></tr>
<tr><td>家长反馈</td><td colspan="6"></td></tr>
<tr><td>老师的话</td><td colspan="6"></td></tr>
</table>

“自主学习”，学生可以根据自身的实际情况安排学习时间，可以复习当天所学内容，也可以根据第二天的课程预习，或者针对自己的薄弱学科

安排练习。“内容”要明确学习内容，不可模糊带过。“效果评价”采取灵活方式，有的孩子用笑脸、哭脸表示；有的用对号、半对符号表示；还有的用“好、一般、不满意”来表示。“备注”可填可不填。

“自我小结”，学生可以总结计划执行情况、自己一天的学习情况，也可以向老师请教问题，表达生活感悟等。

“老师的话”，我要求自己不敷衍每一个学生。发现学生的问题，我会及时提醒并给予帮助，准确把握学生的思想动态，必要时给予安抚、疏导。我的真诚换来了学生对计划的格外重视。有些孩子反映，看“老师的话”成为他们每天期待的事。

每当品读学生的“自我小结”、填写“老师的话”时，我都有一种与学生并肩作战的感觉，享受着作为班主任的愉悦与幸福。

示例（见表2）：

表2 “自我小结”和“老师的话”示例

自我小结	老师的话
我现在忽然觉得有些累。今天状态不算好，希望明天调整好。	如果身体累，稍加休息即可；如果心累，就要学会宽慰自己，及时肯定自己、鼓励自己。让心情舒畅些，千万别“急”着自己！
我感觉到了自己的浮躁，尤其复习时，无法静下心来，所以今天的计划没有完成。我很羡慕小敏，她总是那么平静、沉稳！	一定要先理顺心境，心乱会影响做事效率。自己找找问题出在哪里，如果需要帮助，一定要和我说。

我们的计划得到了科任老师的青睐和支持，我经常在计划中看到数学老师布置的周末任务，比如“整理第一章、第二章不懂的知识点”等。物理、化学老师有时拜托我，在“家务”方面布置与学科相关的作业。比如，观察做饭的过程，记录所发现的一些变化；用醋擦一擦电饭锅的内壁；用铁刀切苹果或梨，看看切面有什么变化等。这些任务丰富了计划内容，培养了学生的观察能力，扩大了学生的知识面，巩固了课堂学习成果。

两年来，填写每日家庭学习、生活计划成为学生的必修课。有的学生甚至说：“今天不做计划，就像少上了一节课。”学生的学习主动性和积极性不断提高，内驱力日渐增强。学生在留言中这样写道：

做计划让我做事更有条理了。某些事耗时太多是因为精力不集中；某些事用心了还是完成较晚，是因为我对自己的认识、评价不准确，对知识掌握不牢固。这正是我要努力的方向！（小俭）

我从每日家庭学习、生活计划中得到了老师的帮助，那些激励的话语让我变得坚强，我相信我能走出困境。做计划磨炼了我的意志，我愿意每天付出宝贵的十分钟，换取更大的进步！（小帅）

这让我更加坚定了将每日家庭学习、生活计划进行到底的信心。

>>> 张秀贞　山东省泰安市泰山实验中学

我这样“约见”新生

刚担任班主任时，我总认为新班级的组建与经营始于开学第一天，班级的管理工作可以推迟到开学之后慢慢完善。实际上，班主任在开学之际既要面临教学的压力，又要关注班级的发展等千头万绪的事情，难以经过系统思考做出长远的决策，更多的时候是根据遇到的突发情况而随机采取解决办法，并临时通过一些规章、制度来维持班级的运行，未必能取得满意的效果。

经过多年的实践，我认为新班级组建与经营的时间节点可以提前到开学前。这样一来，班主任不仅可以有足够的时间思考班级的建设问题，避免管理的盲目性；还可以引领学生以主人翁的姿态关注班级的建设，甚至可以组织学生规划班级的建设，构建民主型班集体。学生对新的环境充满好奇，对新的班级生活充满美好的向往，渴望以主人翁的姿态为班级的建设做出努力。基于上述思考，制订周密的约见新生计划并有效实施就显得极为重要。

所谓“约见”，指在正式开学前，班主任逐一邀请新生到校见面，主要是了解学生信息、落实假期任务、着手建设新班级，有些时候以家访的形式进行。约见学生的主要目的是引导学生积极参与到班级的组建中，突显学生的主体地位，使学生树立主人翁意识。为了达到预期目标，约见之前需要制定详尽的方案，包括约见目标、约见过程及所需材料等，以做到有的放矢。

一、约见目标

班主任必须在约见之前制定清晰的约见目标。这是整个约见过程得以顺利进行的前提。约见目标应紧密围绕学生当前的状况、过去的表现和对未来的期待等方面展开（见表１）。

表1　约见目标设计

	具体内容	备注
目标 1	了解学生的基本情况，主要包括性格特点、学习习惯、假期生活安排、特长与兴趣爱好、学习的预期、家庭成员与家庭氛围等。	班主任可以设计学生状况信息采集表、观察量表等来收集信息。
目标 2	初中班级亮点回顾，主要包括初中班级管理方式、学习氛围、班委制度、惩罚制度、卫生制度、班级文化等。	可以设计问卷发放给学生当场填写，收集信息后及时汇总，也可面对面交流。
目标 3	对新班级建设的憧憬，包括了解学生向往的班级特征、师生关系、班级建设的目标、个人成长计划等。	可以以口头的形式征求学生的建议并简要记录，也可以以作业的形式引导学生逐项完成。
目标 4	物色合适的班委成员，主要包括班长、团支书、学习委员、生活委员、组织委员、劳动委员和各科课代表等。	可以利用当面交流的方式先了解学生是否有担任班委的经历，并征求其在新班级中担任班委的意向。

二、约见过程

班主任要按照既定方案落实约见目标，并根据交谈中遇到的新问题及时调整方案。

约见新生并没有固定的程式，笔者主要采取小组约见与个体面谈相结合的方式进行。在距离开学大约半个月（８月中旬），班主任获得学生的分班信息表之后，可以根据班级学生的人数、性别和学习状况等把他们分成若干小组。为方便之后班级开展工作，每个小组的人数应大致相当，以

5—7 人为宜。确定好每天约见的小组成员和约见时间后，班主任一般需要提前 1—2 天电话通知学生及其家长，并告知学生需要准备的资料和其他注意事项。

约见所需时间应该根据班级人数和个人的经验而定。如果是年轻的班主任，最好留足时间，整个约见过程需要 4—5 天，每半天最好约见一个小组。在每组约见结束后尽量给自己留出充足的时间整理收集的信息，了解新情况与新问题，特别是要尽可能详细记录每个学生的信息，以便军训期间持续跟踪观察，为进一步了解每个学生的特点做准备。

如果学校有条件可以将组员集中到“约谈室”。“约谈室”要尽量给新生安全、舒适的感觉。班主任可以先给每个学生发放信息采集表和相关问卷，待学生完成后开始逐一约谈（尽量在“约谈室”之外的独立空间进行）。此时，主要收集学生的一些个人信息。待小组成员逐一约谈完毕，可以组织他们讨论小组建设问题，也可以进一步介绍学校发展概况并提出对他们的希望与要求。

三、任务分配

从约见新生到军训还有一段时间，学生可以利用这段时间完成约见时班主任布置的任务。班主任可以根据学校的具体要求灵活布置任务，笔者一般从“个人任务”和“小组任务”两个方面布置。

分配任务的主要目的是培养学生良好的生活习惯，让学生逐渐适应高中阶段的学习环境，引导学生进行自主性学习，也为学生参与班级管理创造条件，充分发挥学生的创造性，让学生在活动中得到成长与锻炼。部分任务是为军训及班级的常规建设做必要的准备（见表 2）。

表2　约见任务设计

	任务内容	设计意图
个人任务	1. 尝试制订高中阶段的学习计划和详尽的阶段性学习目标。 2. 尝试用记录本记录每天的假期生活安排并写明落实情况。 3. 想一则有特色的军训口号（每句 4 字，共 16 字）。 4. 及时预习各学科第一单元的内容并按时完成各科假期衔接作业，开学报到时交给任课教师。 5. 空余时间准备军训期间个人生活用品、训练用品（衣物、防晒品等）及个人生活照片 2—3 张。	引导学生逐步学会规划学习和生活，养成用记录本管理时间的好习惯；思考军训口号，准备物品，做好入学准备。
小组任务	1. 每个小组商定一项军训会演节目并利用空余时间进行排练。 2. 每个小组根据班级的特征，绘制班旗与班徽，第一次班会课时讨论。 3. 从学习、常规等方面为新班级设计几条切实可行的班规（每组 6 条）。	让每个小组充分参与到班级的组建中，充分调动学生的创造力和积极性。

四、其他事项

约见时，班主任还要关注存在问题的学生个体。这些学生从外表可能看不出有什么异样，但只要班主任耐心与其交谈，仔细观察其言行举止，往往就会发现些许迹象。比如，有的学生非常内向与自卑，不愿意与人交流；有的脾气暴躁、喜怒无常等。除此之外，班主任还需要关注家庭经济困难的学生，在征得学生本人同意后向学校申请给予适当的帮助。

约见新生的过程其实也是引导学生适应高中生活的过程，这对班集体的建设与发展能起到事半功倍的作用。

>>> 董满超　南京师范大学附属中学

接手新班必做的七件事

在接手新班时，我必做七件事。

一、给家长打一个温馨的电话

班主任拨通电话后，要自报家门，表达自己的诚意，可以简单问一问孩子的情况，如性格、爱好、特长等，最后表达感谢与愿望。

可以这样说："您好，请问是 ×× 同学的家长吗？ ×× 家长，您好！很高兴和您电话沟通，我是您孩子新学年的班主任。非常有缘我们将陪孩子一起开启新的学习生活。您的孩子平时有什么爱好和特长？……感谢您的详细介绍，我很愿意成为您诚挚的教育伙伴。我将随时协同您解决在教育孩子的过程中遇到的问题。咱们开学见！"

语速不要过快，不要给家长留下慌慌张张的印象。

二、做一次周详的查档记录

在办理新生入学登记时，学校往往会让家长填写一张内容详细的学籍卡。这张卡可以帮助班主任了解学生的许多信息。班主任可以从学籍室或者家长服务中心借取学籍卡阅读，并对有价值的信息，如单亲家庭、留守儿童等，做重点记录，以便日后对特殊学生给予更多的关照。

三、与原班主任进行一次深入交流

中途接手新班，一定要与原班主任进行一次深入交流。原班主任都会对自己的学生如数家珍，如班里孩子的性格特点、特长，甚至家长的情况等。与其从头摸索，不如带着本子去求教。这是了解学生的一条捷径。需要提醒的是，有些原班主任在交流经验的同时，也难免会传递一些令人不安的信息，如哪个孩子特别讨厌、难以管教等。不要因这些信息先入为主地给孩子贴标签。

四、制作一张细致的调查表

设计一张细致的调查表（见表 1），在开学首次家长会上供家长填写，这是快速了解学生基本情况的好办法。

表 1　学生基本情况调查表

<table>
<tr><td>学生姓名</td><td></td><td>性别</td><td></td><td>身份证号</td><td></td></tr>
<tr><td>出生日期</td><td></td><td>爱好</td><td></td><td>注射疫苗</td><td>是　否</td></tr>
<tr><td>特长</td><td></td><td>民族</td><td></td><td>饮食习惯</td><td></td></tr>
<tr><td>称谓</td><td>姓名</td><td>职业</td><td>联系方式</td><td>单位地址</td><td>可为班级提供哪些资源</td></tr>
<tr><td>父亲</td><td></td><td></td><td></td><td></td><td></td></tr>
<tr><td>母亲</td><td></td><td></td><td></td><td></td><td></td></tr>
<tr><td>其他</td><td></td><td></td><td></td><td></td><td></td></tr>
<tr><td>E-mail</td><td colspan="2"></td><td>邮编</td><td colspan="2"></td></tr>
<tr><td>紧急联络人</td><td colspan="2"></td><td>紧急联络电话</td><td colspan="2"></td></tr>
<tr><td>家庭地址</td><td colspan="5"></td></tr>
</table>

（续表）

所属派出所	
对孩子的客观评价	
孩子需要改变的地方	
孩子需要特殊照顾的地方	
您希望老师对孩子	□严加管教 □采取民主作风
写给老师的心里话	
备注： 1.“对孩子的客观评价”是指对孩子的性格、特长、爱好等情况进行详尽的描述。这有助于老师全面了解学生，为其提供发展空间。 2.“孩子需要改变的地方”如挑食、偏执等，如实填写会让老师的教育更具有针对性。 3.“需要特殊照顾的地方”如胆小、近视等也不妨写出来，以便老师给予孩子更周到的照顾。	

做好上述四件事，班主任就基本可以了解学生个体的情况。这样就可以为每个学生建立一份档案，搁在案头，经常阅读，从而更快、更好地熟悉学生的情况，有利于进一步采取有针对性的措施。

五、轻松撰写工作计划

在整理调研资料的基础上，班主任可以初步拟定班级工作计划。应重点把握四个方面的内容。

1. 常规工作如何做

依据学生的年龄、性格及其他因素分析班级情况，思考工作策略。结合学校本学期的工作方向，确定自己的班级工作目标。对新班主任来说，“建立秩序，保证教学工作顺利进行”是第一要务。为了把常规工作落到实处，应该采取哪些策略跟进，是需要重点思考的问题。

2. 特色工作做什么

按照“常规＋特色”的思路，班主任不仅要思考本学期的工作方向，还要考虑自己的工作特色。可以结合自己的特长，借助可利用的社会资源，放眼学生的长远发展，拟定特色工作方向，如家校联谊活动、城乡手拉手活动、摄影比赛等，促进学生的身心健康发展。

3. 梳理工作统全局

做好每周、每月的工作规划，可以增强班主任在开学时对学期全局工作的掌控感和工作主动性。比如，确定9月班会主题（见表2）。

表2　9月班会主题

第一周	“我的快乐暑假生活”展示会
第二周	“今天我做主，老师您休息”教师节互换角色活动
第三周	制作主题手工墙报
第四周	“我爱你，中国”主题班会

4. 拓展资料添便利

学校日常事务性工作较多，在拟定班级工作规划时，可以搜索班级活动的相关资料，如中秋节的来历、风俗习惯等资料，制作成资料袋，为即将开展的德育工作做好准备。

六、列出清单，配齐用品

“工欲善其事，必先利其器”，开学之前，要向优秀班主任请教，梳理并记录教室内必备的常用物品。

一般包括黑板擦、白粉笔、彩色粉笔、扫帚、拖把、红色笔芯、黑色笔芯、套装尺子、教学用书……

这些要及时从学校后勤部门领取，同时要为清洁等工作做好前期准备。

七、自主创新，美化教室

清洁、美观是教室布置的基本目标。绿色盆栽是简单有效的装饰；黑板上的欢迎图画是温馨的情感表达；文化墙上作品展示空间虚位以待，这是值得期待的园地。美化教室时要注意以下三点。

1. 清洁到位，清除卫生死角

抽屉内角、教室门上方的横栏、每块窗户玻璃的角落等地方，最容易出现卫生死角。要清除卫生死角，让教室更加清洁。

2. 物品摆放整齐

首先，在教室的显要位置张贴“三表”（课程表、座位表、收费公示表），这样报到时就可以减少对简单问题的反复回答。其次，将教室里的必备物品，如讲桌上的粉笔盒、黑板擦、磁性贴等，摆放整齐，把套装尺子挂到教室的一角，把扫帚、拖把、垃圾篓整齐堆放在教室后面的一角。

3. 点点温馨，传递情感

写好黑板上的欢迎词十分重要。可以用娃娃体书写“欢迎你，新同学”，画上欢天喜地上学的学生笑脸简笔画，用气球和鲜花作为装饰图案，甚至可以绘制一张班级“经营团队”（语文、数学、英语等学科教师）的集体名片，提供教师的姓名、特长、电话号码等内容，借以拉近家校距离。在时间允许的情况下，可以初步设计班级文化墙的栏目，预留展示孩子作品的空间，让孩子进入教室后就对新学期产生期待。

>>> 田冰冰　重庆市巴蜀小学

开学初工作高效“四绝招”

开学初，我们经常看到，有的班主任面对纷繁复杂的工作，理不清头绪，手忙脚乱，甚至导致班级失控，自己也身心俱疲。刚参加工作时，我也是如此。后来我发现，只要用心理顺事务，不断优化方法，就可以轻松而高效地落实开学初的各项工作。

一、提前安排工作事务，及时布置

古人云：“凡事预则立，不预则废。”要想高效落实开学初的工作，班主任就要提前做好各项准备和规划。

比如，上学期末学生回校领取成绩报告书、假期作业时，班主任就可以将学校要求、假期需要完成的任务和开学前要做的准备做成表格，打印出来发给学生，并对重点任务进行解释。

还可以将文档的电子版共享到家长 QQ 群，并通过家校通提醒家长查看。这样做不仅可以防止学生丢失资料后忘记应该做什么，而且可以让家长清楚孩子的假期作业和开学前应做的准备，及时提醒和督促孩子。开学前一周，班主任可以通过家校通和 QQ 群提醒家长。

二、重视研究事务内容，理清类型

班主任要摆脱常规事务的拖累，就必须养成经常思考的习惯，研究常规事务的内容和性质，逐步梳理流程。

开学初的工作主要有以下四类。

1. 作业资料类

假期里要求学生完成的各科作业、社会实践表、学生在家表现记录表等，都要在开学初督促学生上交。

2. 环境布置类

开学初要让学生感受到良好的班级氛围，迅速进入学习状态，就必须搞好班级环境的布置，如教室卫生清扫、物品摆放、黑板报设计等。

3. 学习准备类

要让学生安心上课，必须做好上课前的各种学习准备，如提醒学生携带个人学习物品，强调禁止携带与学习无关的各类物品进入教室，调试教室里的各类电教设备，领取各科课本和资料等。

4. 人员分工类

这涉及各类工作的具体落实，比如第一周卫生值日安排、第一周主题班会的内容和准备以及学校布置的各项工作的要求等。

理清这些工作内容后，我会把它们分类填入 Excel 表格中，每项工作按以下七部分填写："序号""工作类别""具体要求""负责人（部门）""完成时间""检查反馈时间""备注"。详细标明各类准备工作的信息，并将各项工作分解后布置给具体的学生或部门。这就为开学初各项工作的高效落实打下了基础。

三、发挥学生的管理能力，责任到人

苏霍姆林斯基说，真正的教育是自我教育。换句话说，真正的管理是自我管理。班级工作的高效落实，除了需要班主任理清工作内容和性质外，更重要的是充分发挥学生的自我管理能力，让他们成为落实班级工作的主体力量。

因此，在上述 Excel 表格“负责人（部门）”一栏中，班主任应根据班级公约要求和组织机构设置，将每项工作布置给适合做的部门和学生，并写明具体标准和完成时间等，让每项工作都有人负责。

比如，到图书馆领取本学期各科课本和练习册的工作，班主任就可以安排学习部和学习部长负责，写明具体的时间、地点、联系人、分发要求等，并提醒学生在书上写清个人信息以防丢失。

四、重过程更重结果，强化督查

把开学初的各项工作布置给学生不等于万事大吉，班主任还要做好检查、反馈、总结工作。比如，针对学生返校当天的班级卫生情况，班主任可以拿着“开学初准备工作细化表”，带领事先规定的该项工作负责人，一起对班级卫生工作逐一进行检查和总结，对没有按标准落实的，第一时间纠正，直到班级环境干净、整洁为止。

在检查过程中，班主任应做好记录，利用开学第一周的班会或空闲时间，进行简明扼要的总结，着重表扬做好准备的学生，特别表扬进步大或者表现非常突出的学生和部门，让学生看到努力的方向，以增强班级向心力，也为以后班级各类工作的高效开展打下基础。

>>> 郑利雄　广东省东莞中学松山湖学校

八个“一”让新生快速融入新班级

接手新班级，班主任如果第一周工作细致、到位，就能为以后的工作打下良好基础。经过多年的工作实践，我认为，在接手新班级时一定要全力做好八个“一”。

一、开学前做一次精心准备

开学前一天，我首先按姓名、性别、生日、学科成绩、身高等建立学生档案，然后打扫教室，把桌椅摆放整齐，在黑板上书写欢迎词，并在讲台上放一盆鲜花，在教室后面放一盆葱绿的植物。这种做法旨在让学生一进入教室就感觉到温馨的氛围，产生一种亲切感。最后，按照学生的身高情况安排临时座位，用彩色卡片纸把学生的姓名贴在座位上。

二、设计一个大方亮相

初次见面，班主任的仪表和气质会给学生留下深刻印象。在开学前，我一般都要修剪好头发，准备好整洁得体的衣服，以展示为人师表的仪态，显示出富有亲和力的表情，让学生容易接近我。学生报到时，我力争看到学生就能叫出学生的姓名，让学生有亲近感，让家长有信任感。

三、举办一次激情演讲

开学第一天，班主任一般都会进行班级讲话。我把第一次讲话视为“施政演讲”，提前花时间准备演讲稿。演讲内容包括学校简介、自我推介、对学生的各种要求、管理常规、对学生的期望等。语言力求幽默风趣，简明扼要，充满激情，尤其要充分展示班主任的特长和工作能力。

四、完成一轮心灵谈话

在第一周，我会利用课余和晚自习时间与每个学生谈话。谈话时表情要自然，态度要亲切，以打消学生的防备心理，谈话的主要目的是了解学生的家庭、学习情况和兴趣爱好等。要用心倾听学生说话，观察学生的行为细节，了解学生的性格和特点，并对学生的薄弱学科提出建议和期望。

五、举办一次学生自我展示会

在第一周的班会课或读报写字课上，我会安排每个学生按学号顺序上讲台进行自我展示。一方面，让学生相互认识、了解；另一方面，营造一种欢快的班级氛围，培养学生的表现力，增强其自信心。学生自我展示时间不少于两分钟，除自我介绍外，还可以介绍自己的特长，也可以介绍自己喜欢的格言、喜欢的一本书等。

六、送出一份令人意外的礼物

第一周，我会为 9 月过生日的每一个学生送一张生日卡片，送上我对学生的祝福和成长寄语。当学生收到卡片时，会非常感动。这为建立良好的师生关系打下了基础。

七、写好第一篇周记

第一周我会向学生提供撰写周记的参考内容，主要包括对学校、新班级的感受和建议，对班主任的建议，对自己一周学习状况的分析，学习或生活方面的困惑等，让学生言之有物。同时，我还承诺这是唯一由我亲自收发的作业本，内容绝对保密，鼓励学生在周记中说心里话，自由表达意见。通过周记，我可以及时了解学生的心理动态。

八、做好一周辛苦的全陪

学生面对新的校园环境、新的班级、新的教室、新的同学，心理上都会产生一定的不适应感。此时，正是班主任走近学生的好时机。从心理学角度讲，谁先接近他们，他们就先悦纳谁。第一周，我会全天候陪伴学生。早晨，学生就会看到我迎接他们的身影；在食堂就餐时，我会关注他们的就餐情况和饮食爱好；在寝室里，我会询问学生的生活需求。全陪工作虽然辛苦，但这会让学生更快地适应新环境，养成良好的学习和生活习惯。

>>> 刘朝晖　浙江省浦江县第三中学

“寒假模式”切换为“学习模式”三策

春季开学后一周甚至更长的时间里，总有学生不在状态，或迟到，或困倦，或上课时心不在焉……如何让大家尽快从“寒假模式”切换为“学习模式”呢？

一、调整生物钟，助学生避免“假期综合征”

开学前一周，我会向家长发出短信：调整孩子的生物钟，帮孩子提前适应学习生活，避免开学后出现“假期综合征”。

“假期综合征”表现在孩子身上，根源却在家长身上。有的家长还沉浸在春节气氛中，晚起晚睡，忙于各种社交，顾不上管孩子；有的忽视孩子的日常三餐，孩子的饮食没有规律；有的在开学前一天晚上才想到让孩子早点儿睡，第二天孩子还是睡不醒；有的认为无所谓，反正开学后有老师管；有的家长觉得寒假剩下的几天就让孩子尽情玩个够吧……如此种种，造成了学生生物钟的紊乱。

开学前一周是帮助孩子调整生物钟的最佳时期，过早可能会遭遇抵触和反抗，过晚则开学后仍调整不过来。对学生来说，至少有两个方面必须调整：一是作息时间，要按照上学的时间安排，保证充足的睡眠时间，这对保证学生良好的精神状态有益；二是饮食规律，三餐要定时，保证吃好早餐，以适应学校的用餐时间。

学生的生物钟紊乱是由于寒假中不规律的生活造成的，因此只能通过家庭生活来调整。班主任应与家长合作。第一，在放寒假前发放各种通知单或告知书时明确提示，并请家长认真阅读。第二，利用家访、手机短信、家长QQ群、班级公共邮箱等各种渠道，在开学前一周向家长发出“温馨提示”。第三，班主任要请家长积极反馈，及时掌握全体学生的情况，做到心中有数，针对特殊情况再进行个别辅导。关键是请家长以身作则，有意识地帮助孩子安排好寒假最后一周的生活，帮助孩子调整好生物钟，顺利完成从寒假到开学的过渡。

二、准备开学清单，助学生走出“开学焦虑症”

“开学焦虑症”是指在开学前几天，学生的情绪“感冒”了。据家长们反映，有的孩子胃口不佳，萎靡不振；有的孩子闷闷不乐，情绪低落；有的孩子抓紧时间疯狂玩游戏；有的孩子对家长的提醒产生厌烦；有的孩子开学前总是生病……各种现象折射出学生内心的焦虑。

学生在开学前产生焦虑的原因多种多样。有的因为寒假作业没做完，要在最后几天突击完成，心里急躁；有的习惯了寒假轻松悠闲、无拘无束的日子，想到开学后将过高强度、快节奏的学习生活，心里有抵触：有的学业不佳，想到开学后学习和考试的压力，情绪焦躁；有的因为家长的不良暗示“开学啦，好日子到头了”而紧张……众多原因引发了学生在开学前的焦虑，甚至恐惧。

开学前的适度焦虑，有助于孩子从“休闲状态”调整到“临学状态”。但如果过度焦虑或焦虑持续时间过长，就要进行适当调节，程度严重的要进行心理咨询。班主任和家长不仅要帮助学生进行调节，更要让学生学会自我调节。我们的做法是列出“开学准备清单”（见表1），让学生依据清单来行动，家长指导、督促和协助，从而使学生尽快进入学习状态。

表1　开学准备清单

项目	内容	评价							
		优秀		良好		一般		须努力	
		自评	互评	自评	互评	自评	互评	自评	互评
必备项目	1. 开学前一周按时睡眠								
	2. 检查寒假作业是否全部完成								
	3. 整理好学习用品								
	4. 复习相关学科知识								
	5. 制订新学期目标和计划								
自选项目	1. 开展课外阅读								
	2. 限制上网时间								
	3. 和家长聊开学的话题								
	4. 参加室外体育活动								
	…………								

“开学准备清单”能帮助学生进行生理和心理上的调节。开学准备项目由班主任根据学生的心理年龄特点和年段学习要求设计，具体内容可以根据区域特点和本班学情增减。“开学准备清单”分为必备项目和自选项目两个部分，自选项目需要在放寒假前对学生进行辅导。

三、开展快乐活动，助学生化解“开学不适症”

“开学不适症”具体表现为：有的学生上课坐立不定，有的学生觉得上课时间漫长盼望早点儿下课，有的学生感到疲劳，有的学生课间热衷于讨论寒假里玩的各种游戏，有的学生觉得学校的饭菜不合胃口，等等。

班主任强调新学期新要求是必要的，有助于学生明确各种规章制度和学习要求，但无形中会给学生带来压力和紧张感。因此，班主任除建章立制的教导之外，还必须进行情绪方面的辅导；另外，丰富多彩的班级活动是调节学生的生理反应和情绪波动的良方。

开学初可以适当开展一些快乐活动，既要温馨友好，又要有情景导入，娱乐性和教育性相互融合，实现寒假状态与学习状态的无痕对接，使学生自然地接受校园生活，以降低和消除学生的排斥感。至于开展什么活动，可以由学生策划和设计。班级如果拥有经典活动项目更好，这样就可以更自然地唤起学生原有的愉快体验，帮助学生顺利地度过开学适应期。

开学前一周、开学后一周，需要家庭和学校密切合作，帮助学生进行生理和心理上的调适，让学生从“寒假模式”顺利切换到“学习模式”。

>>> 王卫明　上海市松江区仓桥学校

用时间雕刻出一个精彩的集体

接手四（2）班后，我便带领孩子们开始了美好旅程。

教育没有捷径，我要带领学生跋山涉水，锤炼与成长。

成功的“旅行”需要做好充足准备，即充分了解班情、学情。

第一，通过与前任班主任、任课教师进行沟通，以及观察学生和访谈家长，描摹出班级的基本轮廓。班级优势：全班35名学生，大多数学生的家长接受过高等教育，重视孩子的教育；班级整体学业水平均衡；学生精神面貌积极向上，许多学生有自己的兴趣爱好。班级劣势：个别学生在行为举止方面不能很好地约束自己。

第二，根据班级现状，我总结班级建设面临三大挑战：一是如何找准班级定位，制定长久的班级规划；二是如何处理学生成长过程中个性和共性的关系；三是如何处理家校关系。

第三，厘清班级建设机遇：一是学校为学生的发展搭建了诸多平台，为适性扬才提供了可能；二是我的兴趣爱好广泛，特别是在体育和文学艺术方面一直保持着极大热情，有助于开展班级活动；三是学生单纯热情，求知欲强烈；四是家长之间交往密切，家委会得力。

根据上述班情，我把“化青色为浓郁”作为学生的培养目标，即让学生不断地发现自己，做好自己。为实现这一目标，三年来我主要开展了以下工作。

一、设立读书日

每周三是我们班的读书日，学生从一进班就手不释卷，我们还找出专门的时间分享、赏析、导读名家名篇，开展各种读书活动。如读《草房子》时，每个人都为秃鹤设计了一顶帽子；读《汤姆·索亚历险记》时，我们分组制作了情节沙盘和情节飞行棋；读《西游记》时，我们开展了小课题研究……

腹有诗书气自华，日积月累，读书改变了学生的谈吐与气质，提升了他们的眼界与审美情趣。

二、书写成长日记

从四年级开始，我们班所有学生坚持每天写成长日记。

这件事无论对学生还是老师都是巨大的考验。当遇到困难时，我对学生说："不能把'坚持不懈''有毅力'这样的词语停留在口头上，要亲身经历，才能知道其中的滋味。每一个成功者的背后，都有一个咬紧牙关的灵魂！"

现在，每个孩子都可以摆出厚厚一大摞日记本，翻看日记，就是在回顾自己成长的历程。许多孩子把日记当成师生交流的平台。我也每天通过阅读日记把握每个学生的脉搏。

三、成立"1+X"班级社团

我们班组建了"1+X"班级社团，规定有特长或爱好的学生可以牵头组建自己的社团，组建人就是1，其他愿意加入社团的学生为X。

社团的宗旨为悦己惠人。班里先后组建了二十多个社团，学生在社团活动中，不仅掌握了某种才艺，而且学习如何与志同道合的伙伴一起为了共同的目标而努力。

讲故事社团每周给一年级学生讲绘本，手工社团装扮教室，美食社团为学校食堂提供菜谱……

在社团中，学生变得更加包容，学会了如何与他人合作，增强了责任感。我们班的社团还在全校升旗仪式上做精彩展示，推动和引领了全校班级社团的开展。

四、设立班级服务岗

在我们班，每个学生都拥有自己的服务岗位，如关灯、整理图书、带早读、写课表、提醒“光盘”等，每个学生都牢记“把简单的事情做好就是不简单”这句话。这培养了学生的责任感，提升了班级的凝聚力，大家认为四（2）班就是自己的家，要热爱它、珍惜它。

三年里，同学们尽心尽力地做好服务工作，涌现出一批批感动班级人物。

五、开展周末快乐足球活动

从四年级开始，我们班一直坚持开展周末快乐足球活动。最初，孩子踢球家长观看；后来，我亲自上阵率领家长和孩子们一起踢球，大家在球场上共同感受到别样的快乐与激情。

现在，它成为大人、孩子共同期盼的活动。周末快乐足球活动搭建了一个生生交流、师生交流、家校交流、家家交流的平台。

在放松的环境中，各种教育机会自然产生。球场边，我轻松地和家长谈论孩子一周来的表现；球场上发生冲突，我引导家长关注孩子的交往模式……家长助力班级发展的氛围由此渐渐形成。

六、进行家校约谈

每学年，我都利用节假日和每个学生的家长进行面对面交谈。四年级，谈孩子在学校的表现；五年级，指导家长解读孩子出现的各种现象；六年级，与家长一起研究青春期可能带给孩子的变化及应对策略。家校约谈受到家长们的欢迎，从开始的三十分钟延长到后来的一个半小时。

七、“跟着李老师逛北京”

从五年级开始，我利用节假日时间，每次带着两三个学生逛北京，先后去过颐和园、国家博物馆、故宫、天安门、北海等地。

学生自己规划目的地、出行方式和路线，分工负责摄影、网上订票等，我负责知识讲解和旅游安全。逛是另外一种方式的学习。

在国家博物馆，我带领学生欣赏一件件精美的文物，共同感叹先人们的智慧与勤劳；在故宫，我们行走在殿宇亭阁之间，想象一砖一瓦倾诉的故事；在什刹海的胡同里，我们品尝老北京的小吃，讨论什么是“北京人”……

此外，我们还坚持开展“课前三分钟演讲”“校园志愿者”“大手拉小手”活动等。

三年来，我能够清晰地看到每一种坚持背后的种种好品格在时间的雕刻下慢慢养成。

>>> 李红延　清华大学附属小学

第二辑

创新班级日常管理

保持常规优胜的六条秘诀

我们新一班创造了一项纪录——连续 60 周获得学校常规评比优胜，这项纪录至今还在延续。也就是说，从新一班组建以来，该项荣誉无一次旁落。

是因为新一班特别优秀吗？不是的，我们班学生的底子并不是很好。

新一班为什么能在所有的常规评比中保持不败纪录？我们的成功秘诀可以归纳为 6 句话、42 个字，不妨称为“42 字方针”：

晓理动情巧动员
半真半假巧暗示
科学合理巧布阵
关键节点巧安排
全班上阵巧补漏
保持优秀成习惯

一、晓理动情巧动员

从心态上讲，我们是举重若轻，并不过于强调常规评比的重要性，而是在动员这场“战斗”时，运用“动之以情，晓之以理”的传统手法，激发学生的集体荣誉感和尊严感。

班主任要善于做学生的思想工作，说的话既要让学生听得进去、听得舒服，还要能从内心打动学生。比如，关于包干区的卫生问题，我就做过以下动员。

“包干区是我们班的脸面。谁都要面子，包干区卫生做不好是谁的损失？全班的损失！我们都没有面子了。这不是几个值日生的问题，也不是每天打扫几次的问题。现在我要说，包干区是我们全班的包干区，人人都有责任，包括我。每天值日生在固定时间打扫，平时呢？我们人人都是值日生。”

“走过我们的包干区，看见有一个瓶子、一张纸，弯腰捡起来，很难吗？我知道，每个人的素质不一样，如果大家的素质都高，还要我们保洁干什么？我不指望每个人都有这份责任心，但是毕竟有人有这份责任心，我们班毕竟有有心人。班干部可以带头吧？‘三好学生’可以带头吧？团员可以带头吧？这个不是志愿者做好事，这就是为我们自己做事。只要我们班有十分之一的人有这份心，我们的包干区就能保持整洁，我们班有责任心的人不至于连十分之一都不到吧？那么好，听我说：每次走过包干区，请留意一下，看到垃圾随手捡起。这个说起来不难，但是真正要做好，却是对我们班同学责任心的考验。记住：看到垃圾不要骂扔垃圾的人素质低，也不用想今天是谁值日，更不要麻木到视而不见、扬长而去，只要稍稍停留几秒钟，就可以让我们的包干区变干净，就可以为我们的集体出一份力。爱护我们的包干区，人人有责！”

类似于这样的教育或者说动员，几乎在我带的所有班级中都进行过，新一班当然也不例外。

二、半真半假巧暗示

要想让学生重视一件事，班主任必须首先重视。比如，做眼保健操是每次常规评比必查的项目，我的做法是讲清道理加半真半假地暗示、强化。

我并没有过分强调做眼保健操对眼睛的好处，主要从休息、放松、做好课前准备等方面迂回达到教育的目的。

我这样对学生说："我们的眼睛已经用好几节课了，要对自己的眼睛好一点儿，让它休息休息，适当按摩可以让眼睛的疲劳得到缓解，好处是自己的，不是为哪个人做。我们还可以借此机会，一边欣赏音乐，一边闭目养神，这有利于上好下一节课。同时，这也符合我们强化课前准备管理的要求，还能保持集体的荣誉，于人于己都有好处，这样的事为什么不好好做呢？"

然后，我半开玩笑地问学生："我们班的头等大事是什么？"大家众说纷纭。我说："我们班的头等大事就是做好眼保健操！"大家哄笑起来。在轻松的气氛中，我把暗示悄悄地传递给了大家。

其实，班主任心里越重视，越不能表露得太明显。这本来也不是什么大事，所以营造宽松的情境，用轻松的口吻提出一些要求，反而比板着脸训人效果好得多。我的解释是：事情重要不重要是相对的，在该做什么事情的时候就做什么事情才是我们需要养成的品质。在播放眼保健操音乐的五分钟时间里，做好眼保健操就是这个时间段的头等大事。

一次暗示不够，就再来几次，直到学生都能接出我的下半句话——"我们班的头等大事是什么？""做好眼保健操！"然后我说："既然是头等大事，那么在这段时间里，我们就专心致志地做好眼保健操吧。其他活动在做眼保健操的这段时间必须停止，比如收发作业本、试卷，发通知，写作业，等等。"坚持一段时间，加上执勤班委的提醒，我们班做眼保健操的质量大有提高。

三、科学合理巧布阵

要想切实地取得常规工作的进展，除了思想教育，还要有一些具体的方法，需要动脑筋、讲智慧。

卫生工作是常规检查评比中最重要的一项，卫生工作做得好的前提是责任人负起责任来。基于此，我们一方面在班级里强化公德意识的培养，不仅在班级公约中重点强调，在平时的教育中也常抓不懈；另一方面，大胆改革，用更为高效而灵活的值日表代替过去多年不变的传统值日表。

我班的值日表有两大特点：一是平时保洁和大扫除相结合，二表合一，大扫除和平时保洁不搞两套班子、两种方案，那样做既费事效果还不好；二是所有的工作都不是我指派的，而是学生自选的。

首先，按班级人数分包卫生工作，每个人都有一项任务。有的工作，每天要做很多次，比如擦黑板、清理讲台；有的工作，每天只做一次，比如放学后的扫地、拖地、保洁；还有的一个星期或者两个星期做一次就可以了，比如擦窗户、擦拭前后门。总之，根据实际需要安排工作周期，并不要求统一。

这样做的好处，一是每个人的任务是固定的，不容易忘，检查起来也非常方便；二是可以不再单独安排大扫除的人手，因为所有大扫除的工作已经化整为零在平时完成了，学生反而感到很轻松。但是，由此也会带来一些弊病，比如，按班级人数分解劳动任务，不可能做到完全公平合理，肯定有的任务重，有的任务轻。那么怎样调和不同任务之间的差异呢？

我的做法是，承认这种差异，并以“悬赏分”为杠杆鼓励多劳多得。在值日生的安排上，任务越重分值越高。得分高的学生可以在各种评比、考核中占优势。

然后，采用“招标”的方式把所有的任务分包下去。通过“招标”，学生各取所需，领到了自己愿意做的工作，变原来的被动安排为主动请缨，工作的积极性也有提高。

在卫生任务的安排上，一定要注意盲区、死角和最容易出问题的地方，不要遗漏。举个例子，教室的一头一尾（讲台前、最后一排之后）是卫生工作的重中之重，在战术上需要高度重视，所以每天负责扫地的值日生工作范围不包括这两块特殊区域，而是单独设岗。

四、关键节点巧安排

要想争取流动红旗，不仅需要用心苦干，还要巧干。

从教育的意义上讲，要提升学生的责任心和文明素养；从班级发展和增强集体凝聚力上讲，需要争取荣誉。最好能实现双赢。于是，我们把拿到流动红旗当作一个很有意思的游戏来做。要想赢得游戏，必须研究游戏规则。我校常规评比项目主要包括卫生（室内、室外包干区）、出勤、仪容仪表、眼保健操、午休等。研究检查项目，实际上就是把一个大任务分解为若干小任务，各个击破。班主任一定要有分解任务的思维，不要总是面对一个总任务发愁、发牢骚，抱怨是毫无意义的。别人认为这种检查很无聊，没有多大意义，而我们却把别人发牢骚的时间用在思考如何破解这些困难上了。做教育的心态非常重要，同样一件事，消极被动地去做也是做，积极主动地去做也是做，那我们为何不积极主动地去完成“不得不做”的事?

我们不仅研究检查项目，还研究每次检查的大致规律和顺序。这不是投机取巧，而是为了将我们的努力化为实实在在的成绩。你想啊，你打扫干净了他不检查，你忽视放松的时候他来检查了，扣了分数，那学生一定会觉得很冤枉。我也遇到过这种问题，但是我并不抱怨或者找德育主任理论，而是和学生一起分析我们还有哪些工作做得不到位，可以改进和提高。这就是不同的心态决定了不同的做法。

比如，我们专门设立了一个岗位，叫作“三关员”，任务是放学后全面检查班级卫生，没有做到位的及时修补，将桌椅摆放整齐，关闭电源，关好门窗。我们戏称这是班级卫生工作的“最后一道防线”，有了这道防线，就可以确保将劳动成果转化为实实在在的成绩。

五、全班上阵巧补漏

对一些随机抽查的项目，我们别无他法，只能全班上阵。见到有损于班级形象的现象，谁先看到、先想到，谁就管起来。我们倡导的理念是“人人都是值日生”。通过长期的教育，这个理念已深入人心。我们利用一切真实的、来自身边的案例作为教育素材，开班会、讨论会，不断营造一种氛围，让学生的责任心不断地增强。

除了教育，我们还设置了一些小小的奖励措施，在新一班学生档案中的“综合素质表现量化评分系统”中，我们特意增加了一条：“每次从班级的包干区捡起垃圾，可获得1个‘悬赏分’，由劳动委员做记录。”分数并不重要，规则实行后也几乎没有人去申请这个“悬赏分”，但是，这无疑是给全班学生暗示：捡起垃圾是一件很光荣的事。

六、保持优秀成习惯

每个班级都有自己的氛围和气场，也有一些大家约定俗成或一致认可的做法和价值观。优秀的班级会不断用成绩保持优秀，后进的班级努力在某些方面实现突破，摆脱窘境，走向优秀。

都说打天下难，坐天下更难。新一班连续获得了几次流动红旗后，在不经意间，压力开始加大了。如何保持优秀，让桂冠不致旁落，一度成为班级的议论热点。班级的风尚由一开始的争红旗到后来的保红旗，同样是一次有趣的游戏。我要让学生从这样的游戏中领悟到什么、学会点儿什么。我们开始查漏补缺，提高认识，并且对自身提出更高的要求和安排更多的任务，留住常规评比优胜红旗已经是一种常态，我们开始了新的征途。正如我在《让优秀成为一种习惯》一文中所说的那样：“我们已经优秀，现在要做的，只是让它变成一种习惯。优秀成为习惯后，你想不优秀都难！”

这样的班级已经步入良性循环，保持优秀并不是想象中的那样困难，因为班级的层次已经得到切实的提升。

>>> 陈宇　江苏省南京第三中学

小组合作日记在班级管理中的运用

很多班级都有班级日记，用来记录学生每日在校的学习、生活情况。但班级有几十名学生，一篇日记很难把所有学生的表现完全记录下来。于是，我探索并实施小组合作日记管理法，取得了较好的效果。

一、小组合作日记的构思与应用

根据同组异质、异组同质的原则，我把学生分成 12 个小组，每组 6 人。设组长一名，配备一个精美的日记本，封面上书写小组名称和组长姓名，第一页书写小组成员姓名、家长联系电话和组训等内容。

小组合作日记由三部分组成。

第一部分由一名学生每日书写记录。一是记录组内每个同学当天的表现情况，包括家庭作业完成情况、课堂表现、卫生保持和临时任务完成情况，并写出个人看法；二是记录当天发生在小组内最令人高兴的一件事，分享快乐；三是记录最让人不开心的一件事（有则写，没有则不写），便于老师和家长及时帮助解决问题。

第二部分由家长书写记录。每天晚上，学生写完小组合作日记后将其交给家长。家长首先阅读孩子记录的组内情况，然后和孩子交流看法，最后写出对全组同学或组内某个同学的建议。

第三部分由班主任书写记录。第二天早上，班主任把各小组的合作日记收集起来批阅，写出评语，评定等级，利用早读时间交流点评，及时表扬表现好的小组，然后把日记还给各小组，由下一名学生接力记录。

二、写小组合作日记的效果

写小组合作日记，至少有以下效果。

1. 激发了学生的合作、争先精神

写小组合作日记让每个学生主动关心自己、关心他人、关心小组。每个学生都是小组的主人、小组的管理者。每天负责写小组日记的学生，除注意观察所在小组同学的表现外，也会关注以往日记中同学对自己和他人的评价，从而发扬优点，改正缺点。同样的话语，出自教师之口，学生也许会当作耳旁风，而对小伙伴的评价他们却比较在意和容易接受。

写小组合作日记的过程，是学生自我反省、相互学习、相互帮助的过程。这极大地提高了学生自我管理和管理他人的能力，有效地激发了学生合作、争先的精神，增强了小组的凝聚力。

2. 调动了家长参与管理的主动性

每位家长都愿意随时了解孩子的在校表现，只是因为工作繁忙，常常不能做到。实施小组合作日记以来，每位家长几乎每周都能看到自己孩子所在小组的合作日记，从中了解到小组及其成员情况，了解到同学和教师对孩子的评价。这调动了家长参与班级管理的主动性和积极性。

有位家长写道：

每次我们看到小组合作日记，都特别感兴趣，它就像一部摄像机，记录了孩子每一天的学校生活。这是一份珍贵的礼物，感谢老师的一片苦心！今天我的孩子回家后早早写完了作业，而且收拾书包也很快，我们很欣慰。孩子今天放学回家后，发现家里没有纯净水了，主动买回一桶，我和他爸表扬了他。最近，我们发现他进步不小，希望他在

校表现得更好，多争荣誉，别给小组减分，让老师省心。我和他爸向小组同学推荐《爱德华的奇妙之旅》一书，我们认为这是儿童文学中非常好的一本书。放暑假后，小组同学可以向我的孩子借阅。

家长通过阅读小组合作日记，了解了孩子的在校表现和优点、缺点，能够及时和孩子交流沟通，及时帮助孩子解决问题。家长的参与，不但能教育、指导自己的孩子，而且能启发小组其他同学及其家长，实现家校共育。

3. 提高了班级管理的时效性

写小组合作日记，提高了班级管理的时效性。每天早上，我集中批阅小组合作日记，写评语，评定等级，点评交流。对小组合作日记中的好人好事以及有进步的学生，及时表扬；发现问题，及时过问并处理；对家长的寄语感言，及时读给学生听；对家长的建议，及时采纳。

一本看似简单的小组合作日记，有效地架起了学生、家长和教师交流沟通的桥梁，提高了班级管理的时效性。

>>> 乔世峰　山东省临沂市沂州实验学校

自习课有效管理五策略

根据多年的实践经验，我总结出了有效管理自习课的五个策略，实践效果不错。

一、制定班级自习课管理制度

我通过班级议事的方式制定自习课管理制度。原因主要有两点。第一，现在的中学生民主意识越来越强，如果由老师单独决定，一些学生会认为自习课管理制度是老师强加给他们的，在执行上会打折扣。第二，自习课管理制度涉及每个学生的切身利益，仅仅由老师个人决定，容易考虑不周，制定出来的管理制度也会有不尽合理之处。

我班成立了由班主任、科任老师代表、家长代表、班干部和学生代表组成的班级自习课管理制度制定委员会（简称“自委会”），负责自习课管理制度条例的审核、修订和完善。首先，全班学生、班主任、任课老师和家长从不同角度提出自习课管理条例，提交给自委会。然后，由自委会进行整理和分类，并进行公开、民主的班级议事，让学生充分参与讨论和发表意见。初步协商后，再对条例进行完善，并让全班学生投票，票数过半的条目被采纳，作为试用条例；未过半的条目，交自委会集体审核，从中选出 5 条好的条目作为试用条例。试用期为一学期，在执行过程中学生随时可以向自委会提交意见。自委会定期召开讨论会，根据学生的意见对条例进行修订和完善，并及时公示。学期末，根据实际情况由全班学生对试用条例进行投票表决，通过后即成为本班正式的自习课管理制度。

二、建立有效的自习课班干部协同管理机制

实践证明，如果晚自习仅仅由纪律委员或当天值日的班干部独自管理，效果往往不佳，特别是有些班干部个人威信不高，会有个别调皮学生不服从他们的管理甚至故意捣乱，自习课纪律会受到严重影响。

我采用的方法是，建立自习课班干部协同管理机制，建设一个有凝聚力的团队。当扰乱纪律的学生不服从班干部管理时，其他班干部立刻集体声援那个班干部，并形成协同管理的态势。在此情况下，即使再调皮的学生也会有所收敛。

为了让学生学会换位思考，我特意安排每个学生当一天值日班长，让他们感受管理者和被管理者的不同体验，理解和接受班干部的管理。

三、利用集体的力量约束个人

在班级管理中，集体荣誉感往往可以起到凝聚人心的作用。我在班级建立了小组自习课纪律周考评、月考评和期末考评的竞争机制，每周评出纪律优秀小组，并在班级公示栏公示。优秀小组不限名额，如果所有小组都表现优异，均可以评为优秀小组。优秀小组的全体成员都能够得到个人综合考评量化加分；如果小组一个月内获得 4 次优秀，小组所有成员在下个月会得到 2 次特别请假权；获得学期优秀的小组还会获得荣誉证书和物质奖励。这种做法达到了运用集体力量约束个人的目的。

四、培养学生自主学习的习惯

一些学生之所以在自习课上说话或者做其他与学习无关的事情，是因为缺乏良好的自主学习习惯，不知道自己该做什么。如何才能培养学生的自主学习习惯呢？我的方法是，帮助学生制订短期学习目标，如第一周要掌握哪些方法、做多少题目、下一周要记多少公式等。让学生在每一个短

期时间内都有明确的学习目标，一步一个台阶，在老师的不断引导下渐渐体会到进步和成长，感受到真实的收获，逐渐培养出自主学习习惯，并懂得在自习课上珍惜时间，实现一个个目标。这种方法坚持一个学期，自习课的纪律问题自然迎刃而解。

五、加强个别学生自习课管理和教育

每个班都存在极少数特别喜欢说话、捣乱的学生，对这样的学生批评轻了不起作用，批评重了可能会引起对抗。因此，对他们的管理要讲究技巧。我的方法是威严在手，温言在口。威严是为了对他们起到威慑作用，温言是让他们知道我是好言相劝。在教育这些学生时，我会在全班同学面前给他们留足面子，在指出他们的问题时一般会说："娃是个好娃，就是喜欢说话。"既肯定他们的品质不坏，同时也指出问题所在。要让他们知道老师从心里认为他们是好学生，只是有缺点而已。这样他们比较容易接受批评，同时也为接下来的交流做好铺垫。另外，我还会与这些学生进行积极深入的交流，弄清楚他们不安心上自习课的真正原因，然后根据具体原因引导他们合理安排自习课时间。

>>> 周子淇　西南大学附属中学

晚自习，想说爱你也容易

一段时间，班级晚自习纪律有些滑坡，尤其是结束前的几分钟，教室里乱哄哄的。长此以往，不仅影响晚自习的学习效率，甚至对班风学风产生冲击。

为了尽快解决问题，我拟订了一份承诺书，内容如下：“我承诺在晚自习期间，保持安静，不走动，不讲话，直至晚自习结束。如果违反，自愿罚站一堂课。”在我的“注视”下，全班学生全部在承诺书上签了名。随后一段时间，晚自习纪律逐渐有所好转。

正当我为自己的“创意”洋洋自得时，却发现尽管晚自习时教室里静悄悄的，但是很多学生的注意力并不在学习上，而是东翻翻西看看，有的甚至看小说、玩手机。违反承诺书的现象又开始抬头，被罚站的学生也在增加。

更让我吃惊的是一名学生在班级周记上写道：

老师，您很高明，让我们“被承诺”了！但是很多人口服心不服，唯一改变的是现在大家晚自习时不敢乱说话了，因为怕被处罚。但是，这种强制只会让大家越来越疏远您，您现在的班级支持率好像很低哦。

“被承诺”？一语惊醒了我。对啊，我可能操之过急了，没有考虑到高一学生的特点，一味用强制手段达到表面的管理效果，只治标而没有抓住本。

对症才能下药，为此，我认真研究产生问题的原因。在班会课上，我给学生布置了一篇题为“晚自习的最后三分钟”的小作文，让他们如实描述那段时间自己的表现，不署名。从作文中，我发现很多学生并非有意扰乱纪律，主要原因是初中阶段没有上过晚自习，而晚自习时间又过长，他们感到不适应。有的学生虽然努力坚持，但是不知道如何安排晚自习内容，渐渐产生了懈怠情绪。表面上看是纪律问题，实际上是学生不知道如何有效利用晚自习。症结找到了，接下来便开始对症下药。

一、让学生喜欢上晚自习

我校晚自习每节超过一小时，中间休息十分钟，学生感到疲惫，难以坚持。我决定延长学生的休息时间，即第一节晚自习下课前十分钟先在班级休息。利用这段时间，用多媒体播放一些经典的歌曲、优美的风景宣传片，甚至一些短小精悍的搞笑视频等，让学生的大脑得到休息。有时还安排一两名学科成绩拔尖的学生，针对平时学习中遇到的问题与大家交流。尝试一段时间后，许多学生支持这种做法，有的学生把它比喻为晚自习的小点心，学生对晚自习的认同度明显提高。

二、实现晚自习效益最大化

晚自习是学生消化、吸收白天所学知识的主要时间段。合理安排、有效利用晚自习才能够实现效益最大化。让学生在晚自习时有计划地忙起来，纪律问题也就迎刃而解。

针对新生对高中学习不适应、学习比较被动的特点，我要求每名学生准备一个晚自习计划本。计划分为课内和课外两部分。课内计划以天为单位，以处理当天的作业为主；课外计划以周为单位，包括各学科预习内容的安排、薄弱学科的强化等。每天晚自习前请学生根据自身情况做好安排，每完成一项就打钩，每天晚自习结束后根据完成计划情况为自己评分，每周得出一个总评分。为了培养学生的自觉意识，我不定期地检查计划本。同时，针对一些意志力薄弱的学生，协助他们合理安排晚自习任务。对表现较好、收获颇丰的学生，我鼓励他们撰写心得体会，与其他同学一起分享，共同进步。

经过一段时间的努力，学生晚自习的利用效率得到很大提高。由于提高了晚自习效率，学生为赶作业开夜车的现象逐渐绝迹。

在一次班会课上，一名学生这样表达了上晚自习的感受：“晚自习，想说爱你也容易！”

>>> 王良胜　安徽省巢湖市第一中学

寄宿生管理四招

为了及时、准确地了解寄宿生在寝室里的表现，我制定了以下四种制度。

一、室长负责制

室长是班主任的有力助手。当班级寝室管理制度出台后，室长应在班主任的指导下全面负责处理寝室卫生、纪律、学习、奖惩等各种事务并及时汇报寝室情况。

为了让寝室管理制度顺利实施，班主任要选派品学兼优、有一定组织能力和协调能力的学生担任室长，并通过各种方式提高室长的威信，使室长的工作得以顺利开展。

二、记录寝室日记

每天指派一名学生以日记的形式记录寄宿生在寝室里的表现情况。班主任可以通过寝室日记了解学生的思想动态，一旦发现问题及时处理；家长可以从日记中了解孩子在寝室里的表现；学生写寝室日记，能够锻炼写作水平。一本寝室日记，记载了学生在寝室里的各种悲欢故事，是学生成长记录册的重要组成部分。

三、每日报告制度

借鉴一些部门对安全问题的防范办法，在管理寝室的过程中，班主任也可以制定每日报告制度：无论当天寝室里是否出现问题，室长每天必须按时向班主任汇报寝室情况。

每日报告制度能让学生感受到寝室对自己成长的重要性，也能让班主任更全面、细致地掌握寝室情况，对形成良好室风，防范寝室违纪现象有较好作用。

四、寝室民主生活会

一个寝室就是一个小团队，寝室里的各个成员之间既是同学关系，更是室友关系。由于各自的生活习惯不同，个性有差异，室员之间在长期的生活中难免产生各种各样的问题和矛盾。如果问题不能及时得到解决，矛盾不能及时得到化解，必然会给寝室带来不良影响。如果矛盾激化，室员之间出现打架斗殴等，处理起来将会非常棘手。班主任可以定期为室员们搭建交流沟通的平台，引导学生解决寝室里存在的各种问题，及时化解他们的矛盾。寝室民主生活会是室员之间进行对话交流的一种较好方式。大家通过自我反省，能够找到解决问题的办法，密切室员之间的关系，营造和谐安定的寝室氛围。

>>> *廖帝学　重庆市大渡口区第九十五中学*

班级故事：我的班级管理秘籍

在班级管理中，我通过让学生记录、讲述班级故事，培养学生自主管理的能力，取得了不错的效果。

一、班级故事，增强班级凝聚力

最初，我班以小组为单位，每组一个班级故事本，由学生轮流记录，形成接力日记。时间长了，我发现有话可写的孩子经常写，文笔不佳的孩子机会较少。为扭转这种局面，从五年级开始，我决定让全班学生人手一本，各自记录。

每周二和周五，是孩子们最期盼的日子，因为这两天孩子们可以朗读自己记录的班级故事，开展“比一比”活动：比一比女生记录的事件有意义，还是男生记录的事件角度新；比一比女生妙笔生花，还是男生下笔成章。孩子们特别喜欢听班级故事，一只飞进教室的蝴蝶，一节妙趣横生的科学课，淘气的“拖把”，同学表演的相声，老师的一张便条，同学的一瓶矿泉水……课堂内外的点点滴滴都变成了有声有色的文章。

我为毽子狂

上语文课前，男生三个一群五个一组，在教室前后踢起了毽子，五彩的鸡毛毽子上下翻飞，喝彩声一片。“快来看小嘉踢毽子！”小伟大声喊道，吸引了全班同学的注意力。只见他双手呈V形，用脚踢了起来。“1——2——3……”小嘉一口气踢了80多个，真是太不可思议了！“毽王，毽王！”男生齐声喊道。由于男生经常练习，我们女生显得不堪一击，在一旁面露难色。这时，沈老师出场了：“为了激发大家踢毽子的热情，我决定下周一举行‘男女生对抗赛’，欢迎大家踊跃参加。”

听完小妍的班级故事，我问：“咱们班现在到底谁是‘毽王’，谁是‘毽侠’呢？”

“当然是我们男生，小嘉！”男生骄傲地说。

女生不服气：“哼，踢毽子一直是我们女生的专长，给我们几天练习的时间，一定能超过你们。”

“我为毽子狂”的故事讨论之后，男女生展开了踢毽子竞赛。体育活动时间，男女生摆起擂台，相互挑战，有时还聚在一起交流经验。在今年学校举行的踢毽子比赛中，我们班获得年级第一名。随着毽子在空中上下翻飞，班级凝聚力越来越强。

二、班级故事，让当事人直面问题

孩子们在一起相处，小争执、小摩擦在所难免。从前，我要花费大量时间处理。现在，我不再婆婆妈妈地询问、唠叨，而是借助班级故事来解决。故事的主角便是“犯错的孩子”。那些批评都隐含在故事里，既是自我教育，又是对他人的教育。

小伟和小珂都是调皮的男孩，小冉写的班级故事，让他俩成了班级“名人”。

一场垫子争夺赛

这节是体育课，我们与504班的排球赛正式开战！几名男同学拉了几块垫子乐悠悠地坐在上面观看球赛。

只见“大侠”小珂独占两个垫子，我夺过一个垫子，刚想坐上去，小涵和小婷眼疾手快，抢先坐了下来，紧接着小伟也坐了下来。小珂急了，像野牛似的冲了过来。那两个女生见状，“聪明”地闪到了一边。小珂死死拽住垫子，小伟也不甘示弱，用力拉扯垫子。小珂说：“这是我拿来的，不让你坐！”小伟理直气壮地说：“这又不是你家的！”小珂听完，更加气愤了，把小伟像鸡肉卷一样包了起来，压了下去。小伟鼻孔中喷出愤怒的火焰，犹如蚯蚓似的钻出来，跟小珂厮打在一起。直到体育老师来，才平息了这场战争。

为了一个垫子，不由分说就撕碎同学间的友情，也太“任性”了吧！

我让小珂、小伟合作读这篇班级故事。读完后，问他们两人文章里写的故事是真实的吗？他俩点点头，并表示双方已经化解了矛盾，和好如初了。在同学讲述故事的过程中，他俩冷静又理智，没有面红耳赤的冲动和莽撞。

三、班级故事，让学生亮出自己的观点

每个孩子都是班级的主人，要学会观察身边的事物，并做出正确判断。当孩子能够通过班级故事亮出自己的观点，并对同学的错误做法产生影响时，其教育效果远远胜过老师的说教。

有段时间，有学生反映，班里许多同学从校门外的零食摊购买油炸食品。我多次在班级强调这样做的危害，但效果不大。我便引导学生针对这一现象写出自己的感受。

油炸食品，你被淘汰了

放学了！一出校门，我看见校门口的不远处有那么多卖油炸食品的小推车。摊主一看见有同学出来，立马吆喝起来。不少同学掏钱购买，每人手上都拿着几串油炸食品。我也真想买一串。但是，我想，

他们可能用的是地沟油。妈妈说："他们把人们吃剩的饭菜放入锅中长时间地熬，直到把油都熬出来，再用这些油炸东西。"算了，我咽了咽口水，还是绕道而行吧。

哎，真希望那些卖油炸食品的小摊贩不要在校园门口出现了。这不是考验我们对零食的自控力吗？我相信同学们肯定能够"扼杀"买油炸食品的念头，那么，小摊小贩自然会"无影无踪"。油炸食品，你迟早会被淘汰！

听了小婧的班级故事后，许多学生脸红了，多数学生表示赞同并亮出了自己的观点。有的说："有的同学就是贪吃，只要味道好，不管对自己的身体好不好。妈妈告诉我，小孩要远离油炸食品，否则影响发育，影响我们成长。"有的说："原来油炸食品这么脏，病从口入，看来不买为妙。"有的说："我们都不去购买，他们就不会摆摊了。"

我追问："如果同学请客，你该怎么办呢？"

聪明的孩子立刻说："对他摇头说'谢谢'，顺便劝告他不要去购买。"

四、班级故事，让学生多角度思考问题

对班级发生的事情，从不同角度看，会有不同的感受。在班级故事中，我有意识地请当事人或者旁观者站在自己的角度，聚焦某个事件，让全班学生学会多角度、全面地看待问题。

有段时间，参加田径训练队的学生出现了逃避训练的现象，我便在班级朗读了小清写的《田径队逃亡记》。读完故事，我未做评论，而是问道："咱们班有人想进田径队吗？"立刻有十来个孩子举起手来，我让眉头皱得最紧的小盈写一写感受。

第二天，我们听到了以下故事。

每当放学时，我们班的田径队员总是像一阵风一样飞过我们身边，而我每次都向他们的身影投去羡慕的眼光。唉！要是我能进田径队训

练，然后参加比赛，为自己、为班级争光，该多好！看看自己瘦弱的身体，只能暗自叹气。

那天，我看见我们班的田径队员躲躲闪闪的，东张西望，还一个劲地把身子往下弯，低下头，鬼鬼祟祟的。我正纳闷：“你们不去训练吗？”“嘘——”小婧用手掌捂住了我的嘴：“不要声张，不要声张！”我恍然大悟，他们是不想去田径队训练，我也成了“帮凶”。

田径队员们，你们要知道，多少人向你们投去羡慕的目光，多少人渴望进田径队啊！进田径队虽然训练苦一些，累一些，但好处多多！瞧，你们拥有“金刚不坏之身”，当同学们都患上感冒的时候，你们却能安然无恙；有的同学跳绳 170 下就气喘吁吁，你们跳绳却大气也不喘一口，这就是底气；当你们站在领奖台上时，我们为你们获得的荣誉感到自豪！下次，我不想再当“帮凶”，我会极力鼓励你们去参加训练，加油哦！

小盈的班级故事，真实地记录了她对进田径队的渴望。读完之后，我用目光扫视了逃避训练的几个田径队员，他们不好意思地看看我。我说：“你们看，同样一件事情，从不同的角度看，得出的结论不一样。通过小盈的笔，我们看到田径运动员为我们班带来了很多荣誉，他们付出的努力有回报，是名副其实的体育标兵。但是擅自‘出逃’，这样做对吗？”学生纷纷表示，既然已经入选田径队，就应该遵守训练纪律。擅自离开，不仅影响自己发挥特长，还可能影响班级形象。有的学生说，应该制定对田径运动员和排球运动员的奖励措施；还有的建议，运动员训练结束太晚的日子，可以免去一部分作业。在交流的过程中，学生逐渐形成一些共识：什么样的学生更可爱，什么是好行为，什么是不良行为……一次“出逃”，演变成学生自我调节、自我管理、自我教育的良好契机。

为了激发学生书写班级故事的热情，我班设置了多种奖励措施。最初，使用“习作新苗”卡，凡是两次达到三星的孩子均可领到“习作新苗”卡，一个学期里“习作新苗”卡集得最多的学生，被评为“最佳习作之星”。后来，改成晋级制，凡是两次达到三星的孩子均可领到“习作新苗”卡；累积三张“习作新苗”卡，可换取“习作小能手”卡；累积两张“习作小能手”卡，晋级“班级小作家”，获得“班级小作家”称号。

亲身经历班级生活的学生通过对故事的反思、感悟、评议，提高了自己的认识水平，这加深了生生之间、师生之间的了解，使班级生活充满了活力。

>>> 沈玲玲　浙江省奉化实验小学

我的故事激励法

每接一个新班，在第一次班会上，我都要讲三个故事，作为送给学生的见面礼。

一、开出花来

一个青年失魂落魄地走过海滩，喃喃自语："这个世界上竟然没有一个人看重我。"一位老人拦住了他，老人抓起一把沙子，撒在沙滩上，让青年把他刚刚撒下的沙子捡起来。青年勃然大怒："你疯了，沙子混在沙子里，怎么分辨得出来？"老人微笑着从兜里掏出一把珍珠，撒在沙滩上，青年毫不费力地拾起来。"你如果是一株百合，而不是野草，那你就开出花来。"老人拍拍青年的肩膀说道。

独生子女家庭造就了许多"小皇帝""小公主"，他们在家里做惯了"太阳"，到集体中生活，可能因失落导致心理畸形。这个故事告诫学生，要想得到别人的喜爱，自己首先要有价值；在我们怨天尤人之前，审视一下自己是否值得别人喜爱。

二、没有理由

每次新生入学，据说西点军校的教官都要教导学生，只能用"是""不是""没有理由"三种答案回答问题。比如，教官看见学生的皮鞋脏了，问："你是否认为你的皮鞋已经擦干净了？"学生回答："报告教官，不是。”教官再问：“什么原因？”学生只能回答：“报告教官，没有理由。”

“没有理由”极大地遏制了人的惰性，它不让你为自己的失败寻找退路。也许你有一千条理由为自己的皮鞋脏开脱，比如，“我早晨擦得干干净净，站队时被同伴踩脏了”，但是，这个理由背后掩藏的仍然是“不愿”。在“没有理由”的磨砺下，西点军校培养出数十位上将和数百位富翁。

我班学生很少迟到，有人备两个闹钟，将可能堵车的时间计算在内，提前出发，排除意外准时到校。大多数学生不会因为心情不好而放纵自己；任何事，都会百折不挠地去完成，因为他们都懂得四个字——“没有理由”。

三、木匠的懊悔

有一个木匠一贯尽职尽责地工作，退休前，老板让他建造最后一座房子。盖了一辈子房子，木匠有些倦怠了，想草草了事，于是，他有些心不在焉，粗制滥造。在他完工后，老板把房子的钥匙交给他：“这是对您三十年来无私奉献的奖励。”

木匠的懊悔是无法挽回的，从此他将住在亲手建造的粗制滥造的房子里。

讲完后，我告诉学生，人生这座房子，是一次性的，不可能推倒重建。我们今天的学习就是为自己的明天建造房子。

第一印象是深刻的，这三个故事将会对学生人格的建构产生一定影响，让学生认真思考前进的方向，找到正确的人生道路。每一名学生都有一双隐形的翅膀，班主任的任务是帮助学生向更高的天空振翅飞翔。

>>> 刘道兴　陕西省西安高级中学

从卫生打扫到卫生保持

在实际工作中，许多班级在卫生打扫上投入了大量时间，却没有出现常态化的“窗明几净”。究其原因，与大多数班主任和学生只重视卫生打扫，不重视卫生保持有较大关系。

一、归因

卫生打扫，是要把班级的校园卫生责任区、教室打扫干净，是一个由脏到净的过程。卫生保持，是要保证校园、教室里不再出现人为制造的垃圾，是一个由净到“常态的净”的过程。卫生打扫、卫生保持都追求校园、教室里没有垃圾。从难度上分析，卫生打扫的难度低于卫生保持；从完成时间上分析，卫生打扫的时间比较集中，卫生保持的时间比较零散。

有些学校管理者、班主任尽管意识到卫生保持的重要性，往往也只要求学生在某个课间、中午等特殊时间段里，快速地去捡拾卫生区里的垃圾。这实际上还是卫生打扫行为，而不是卫生保持行为。

目前，班级授课制依然是我国中小学校教育的基本形式。除非有上级领导来学校视察、检查，学校一般不允许在课间打扫卫生。

一般情况下，大多数班主任都会把打扫卫生安排在第一节课上课前和放学后。由于学生早晨忙着交作业、准备上课，时间比较仓促，卫生打扫往往不够彻底。放学后，学生投入了大量时间、精力打扫卫生，打扫质量很高。在一天中，学生在卫生保持上投入的时间比较少，甚至是不投入时间。

卫生保持与学生的自治能力有很大关系。一是对值日生的自治能力要求较高。他们要有效地选择卫生工具、卫生保持方式等，还要敢于提醒那些乱扔垃圾者带走垃圾。二是对普通学生的自治能力要求较高。要求每个学生能有效控制自己的行为，不随意扔垃圾。学生的自治能力参差不齐，难以要求人人都能有效地控制自己的行为，保持好卫生。另外，对卫生工作的结果，大多数班主任只关注班级卫生工作被扣分的现象，并分析给班级综合评估带来的负面影响。很少有班主任根据卫生工作的结果思考如何保持卫生，教学生怎样根据卫生区的环境特点选择或自制卫生工具，怎样找到卫生区的死角。

此外，卫生保持做得不好，还与激励措施不当、惩罚方法失效、班级环境文化建设不到位等因素有一定关系。

二、求解

实践证明，凡是卫生工作比较好的班级，大多在卫生保持上下足了功夫。因此，班级卫生工作的努力重心应该是卫生保持，而控制垃圾产生是卫生保持的重中之重。如果卫生区、教室里没有垃圾，那还用师生去打扫吗？因此，卫生保持，重在控制垃圾出现的源头。

师生是垃圾出现的源头，只有规范师生扔垃圾的行为，才能有效地控制垃圾的出现，校园、教室才能净化、整洁。保持卫生区、教室整洁，不仅是为了净化环境、美化环境，为学生的身体健康着想，还是对学生进行卫生教育、审美教育和修身教育的过程。

三、实践

做好卫生保持，可以从以下三个方面切入：一是提高师生规范地扔垃圾的自觉性，解决“想不想规范地扔垃圾”的问题；二是引导师生形成良好的卫生习惯，解决“能不能规范地扔垃圾”的问题；三是建立卫生保持监督机制，解决“规范地扔垃圾有没有空间”的问题。

1. 提高师生规范扔垃圾的自觉性

提高学生的审美素养。开设卫生教育课，引导学生定期剪指甲、理发，勤洗澡，保持校服整洁，在保持个人卫生、班级卫生的过程中培养学生的审美素养。

设施支持。首先，班主任在美化教室的墙面时，要尽量选取经久耐磨的材料，这样便于打扫，也能避免教室墙面出现一碰就碎、一擦就掉色的情况。另外，还要便于打扫。学生保持卫生不彻底，也可能与不便打扫有关。所以，桌椅、花盆等物件的摆放，除了美观外，要留出足够的空隙，以能轻松地把扫帚、拖把伸进去为宜。教室和卫生区尽量不要出现大型物件，这样便于轻松地实现移位式打扫。

2. 注重良好卫生习惯的养成

要重视学生卫生保持习惯的养成。班主任从起始年级开始，就要注重学生卫生保持习惯的养成。可以以两周为一个监督周期、分析周期，让学生在短时期内养成某一项卫生保持习惯。

要重视班干部卫生检查习惯的养成。班主任要引导班干部在固定的时间、固定的地点检查卫生，反馈卫生保持情况，让学生意识到卫生保持工作“有人管”“管得细”。

重视班主任示范习惯的养成。首先，班主任每天上课前后，坚持打扫讲台附近的区域。其次，班主任要养成随时捡拾废弃物的习惯。班主任在教室里走动时，一旦发现废弃物要及时捡起来。最后，班主任、任课教师不制造废弃物。班主任要将自己上课时用过的废弃物带走；还要协调任课教师，杜绝任课教师扔废纸；使用吸尘板擦来擦黑板，尽量不使粉尘飘落；协调任课教师尽量将粉笔头放入固定的盒子中。

3. 建立卫生保持监督机制

健全卫生保持岗位。设立卫生委员、值日班长、值日组长等学生管理岗位，并规定具体的检查、反馈、督促职责，让班干部在具体的时间完成卫生保持管理任务，并把管理结果及时公示出来。在检查与反馈中，找出垃圾出现的源头。

明确卫生保持分工。卫生分工明确的基本要求是不留下卫生保持的交叉地带或死角。分工要具体到哪几块地板砖、哪一根灯管儿、哪一个开关等；每个学生的座位附近的卫生包干区域也要划分清楚。

卫生保持标准明确。卫生标准要既便于学生实现，也便于班主任、班干部检查。如黑板擦到什么程度算干净、窗帘干净到什么程度才算达标等，都要由班主任与学生共同制定，并在实践中不断完善。

卫生保持制度明确。首先，禁止学生把外来废弃物带入教室，并提醒家长每天晚上督促学生检查书包，扔掉废弃物。其次，不允许有乱扔垃圾的空间，只配置扫帚、簸箕等卫生打扫工具，班级内不设垃圾桶，以免学生向垃圾桶中扔垃圾；学生的水杯统一放到教室后面的壁柜里，或找一个固定的地方放好，以免学生坐在座位上喝水时洒水，导致学生踩踏后将水渍带到教室的其他地方；学生把废纸、用坏的文具、零食袋等统一扔到学校放置的大垃圾桶内，或者放在自己准备的垃圾袋内随身带走；提醒学生每天利用固定时间清理书包，及时扔掉废弃物；可以请心灵手巧的学生制作一些纸盒或其他装置，用来装铅笔屑、学生要扔掉的橡皮泥等小型废弃物。最后，教师及时清理自己带来的垃圾。

卫生保持数据齐全，基于数据分析寻找垃圾出现的源头。首先，班主任要从多个层面收集各种卫生数据。学校层面：收集学校公布的卫生保持量化分，日常检查、卫生大扫除、专项卫生整治等各类检查的每次检查结果都要收集，学校做出的一些惩罚、表扬通报也要收集。班干部层面：收集班干部每天检查各个小组的卫生保持情况的数据，也包括班级做出的一些惩罚、表扬通报。教师层面：班主任收集自己在检查中发现的一些问题。

其次，班主任在收集相应数据后，要全面分析丢分的地方在哪里、原因是什么，班级卫生保持工作是否存在漏洞，如有漏洞怎样弥补等。

卫生保持时间要明确。首先，要明确集中打扫卫生的时间表。比如，早晨几点前完成卫生打扫，放学后几点前完成卫生打扫，课间十分钟及时捡拾座位附近的废弃物，等等。其次，确定个人的卫生保持时间表。应引导学生根据班级的时间安排和自己的实际情况，确定个人的卫生保持时间表。

>>> 王立华　山东省临沂光耀实验学校

在班级卫生管理中培养学生的生活素养

培养学生的生活素养，让学生将良好的卫生意识内化为自己的行为，并通过良好的行为塑造自己的品质，是班主任日常工作的重要内容。如何在班级卫生管理中培养学生的生活素养呢?

一、激发兴趣，学习技能

刚进入小学一年级的孩子们自理能力还比较差，不具备独立打扫教室的能力。因此，我把打扫任务细化分类，作为家庭作业布置下去（见表1），让家长和我一道通过这项特殊的作业激发孩子的劳动兴趣。

表1　一年级（1）班卫生家庭作业一览表

时间	项目	评价标准	家庭评价
周一	扫地	地面垃圾清扫完毕	★★★★★
周二	抹桌子	桌面没有残留的污渍	★★★★★
周三	整理书架	每一本书都摆放整齐	★★★★★
周四	清理垃圾桶	倒垃圾，放上垃圾袋	★★★★★
周五	拖地	地面拖洗干净	★★★★★
周末	打扫房间	房间的每一个地方都打扫干净	★★★★★

我请家长把孩子在家做清洁卫生的照片发到班级群，第二天我会在晨训上公开表扬前一天完成了打扫任务的学生。每周一小结，给每天坚持完

成清洁卫生任务的学生颁发“清洁小能手”奖状。半个月后，大多数孩子开始积极地完成这项特殊的作业。

学生有了劳动的兴趣，接下来怎样引导他们把兴趣转化成技能呢？

我告诉他们，我们将以小组为单位，在班会课上开展系列劳动技能竞赛活动，包括扫地比赛、整理书包比赛、穿叠衣服比赛、整理书柜比赛等。学生听了非常兴奋，都想代表小组到班级进行竞争。竞争意识一旦形成，学生在家里完成劳动任务就更加积极、用心了。班级群里，展现的都是学生热火朝天的劳动场景。

举办竞赛活动时，我邀请家长代表做评委，让学生推选出参赛选手。在比赛过程中，每个参赛选手都铆足了劲儿，力争做到最好。比赛结束后，我们举行颁奖仪式，对脱颖而出的学生给予鼓励。在整个活动过程中，学生的劳动兴趣得到充分的激发，逐渐掌握了相关的劳动技能，在家里开始主动做力所能及的事情，家长对孩子的表现赞不绝口。

二、培养习惯，增强意识

前期目标达成后，我开始制定班级卫生值日表（见表2），希望以此培养学生的劳动习惯。我把每天的班级劳动任务细化，并在备注栏写明了对每项任务的要求。

表2 一年级（1）班卫生值日表

	周一	周二	周三	周四	周五
值日组长					
讲 台					
第一组					
第二组					
第三组					

（续表）

	周一	周二	周三	周四	周五
第四组					
卫生角					
图书角					
擦桌子					
擦黑板					
备注	1. 值日组长负责每天的值日监督，等值日生做完清洁后进行检查，然后报告老师。2. 打扫讲台的同学负责讲台的清洁工作。3. 打扫小组的同学负责教室的清洁卫生及桌椅的摆放。4. 负责整理卫生角的同学需要倒垃圾以及整理劳动工具。5. 负责整理图书角的同学每天要整理好书柜里的书，并把书柜擦干净。6. 负责擦桌子的同学要用抹布把教室的课桌都擦一遍。7. 负责擦黑板的同学每节课课后都要把黑板擦干净。				

每次打扫教室后，学生都兴致勃勃地拉着我去欣赏他们的劳动成果：负责擦黑板的学生，把黑板槽里的粉笔灰清理得干干净净；负责整理卫生角的学生，把卫生架擦洗得一尘不染；负责整理图书角的学生，把图书按高矮厚薄进行了系统分类。我把他们的劳动成果拍照后分享至家长群，并点名表扬。为了让学生充分了解每个劳动岗位的职责和要求，我们每隔两周在小组内更换一次劳动任务。

在劳动过程中，学生有了主人翁意识。他们的劳动成果换来了鲜艳的“流动红旗”，班级凝聚力也逐步得到提升。

然而，渐渐地，我们班开始出现卫生问题：小纸屑不时可见；桌腿缝里塞了铅笔屑；把校服挤成一团塞到抽屉里；水杯在地面上滚动；书包的拉链开得大大的；上室外课时不关电教设备……我把上述现象拍照并在班会课上展示给他们看。经与孩子们讨论，我了解到，很多问题不是他们故意造成的，而是他们根本不知道解决办法。看来，培养孩子们的卫生习惯还要具体细化，于是，我把解决问题的办法（见表 3）跟学生一一分享，并做了示范。

表 3　一年级（1）班卫生问题解决办法一览表

出现的问题	解决的办法
小纸屑随处可见	每人自带一个垃圾袋，挂在桌子的挂钩上
桌腿缝里塞了铅笔屑	把铅笔屑用纸巾包住再扔掉
把校服挤成一团塞到抽屉里	把脱下来的校服挂在椅子的后背上
水杯在地面上滚动	把水杯统一放在教室的书柜里
书包的拉链开得大大的	注意观察，及时拉上拉链
上室外课时不关电教设备	由专人负责

每天中午放学时，我便来到教室，要求孩子们做好两件事：摆桌椅，捡垃圾。由组长组织组员进行整理。整理完毕后，先由组长检查，再由值日班长检查。桌椅沿着地线摆放整齐，不能歪斜；地面干净整洁，放眼望去一片纸屑都没有；书包、校服、水杯的摆放，样样都要规范，全部检查合格后方可离开。培养一个好习惯，至少需要 21 天。第一个月，我坚持每天中午到班里提醒学生。后来，只要中午看到我进教室，学生就会齐声大喊："摆桌椅，捡垃圾。"学生的卫生习惯就这样慢慢养成了，卫生意识也日渐增强。

三、形成制度，共同优化

到我们班听课的老师都赞叹学生的良好习惯：上课时书本摆放规范，坐姿端正；放学时桌椅摆放整齐，有序离班；教室整洁透亮，美观大方。学生的自理能力和自主意识逐渐增强，我开始试着站在一旁，用心感受他们的成长。

班委会成立后，学生开始叽叽喳喳讨论"班级公约"的内容。我们对每天的校园生活进行梳理，归纳出六项内容，分别是学习、礼仪、卫生、秩序、做人、欣赏，然后把相关要求整理成一首朗朗上口的儿歌。每天早读时间朗读一遍"班级公约"，以加深印象。接着，我们开展了每月一次的净化班级大扫除活动，由班长和劳动委员对整个教室的环境卫生进行分工，再由各小组领任务，小组之间互相比拼。大到教室的地面和墙面，小到植物角里的植物叶子，干干净净无一处死角。

低年级时，我一手设计了班级文化建设方案。随着学生自主能力的逐渐增强，他们开始主动参与班级文化建设，根据中队名和中队口号，自己设计了班级文化建设方案。在建设过程中，人人参与，人人奉献，生活素养得到了充分展现（见表4）。

表4　班级文化前后对比

原先的做法	创新的做法
用卡纸剪出各区域的名牌并贴上（易撕破）	用卡纸剪完后，过塑再上墙
卫生角摆放购买的植物	购买植物种子，每人种植一盆
由我选定墙上张贴的“名人名言”，再去印刷店制作	学生各自推荐喜欢的“名人名言”，擅长书法的同学书写成条幅，定期更换
由我选定班级图书角的书目	各小组推荐，班级集中购买

从卫生习惯的养成到生活素养的形成，学生掌握了各项卫生技能，形成了良好的卫生意识，并将这种意识融入日常生活和班级建设中，通过自己的发展来推动班级的发展。学生一步一个脚印，扎实做好每件事，踏实过好每一天。在这一过程中，我也享受到了作为一名班主任的职业幸福。

>>> 彭明康　广东省深圳市南山外国语学校（集团）文华学校

第三辑

赋权，班级民主管理的起点

班级志愿者：班干部管理新尝试

针对班干部总是由几个优秀学生担任，有些尽职的班干部与“被管理者”之间产生摩擦以及选举过程中家长为孩子“跑官”“要官”等问题，我班采取了班级自主管理模式——取消班干部，实行志愿者制度，取得了一定成效。

一、开一个隆重的“志愿者”推介会

为了让学生明白“志愿者”的含义，我利用网络搜索有关“志愿者”的信息，制作成一个精美的PPT。让孩子们通过PPT了解志愿者的历史、发展、国际志愿人员日，了解国内知名志愿者的先进事迹，组织学生观看了北京奥运会、上海世博会等活动中志愿者的服务视频。通过系列活动，学生对志愿者工作有了比较深刻的认识：志愿者不仅给予他人帮助，而且能获得自我成长；当志愿者的出发点不是满足好奇心，而是回报社会。上述举措为班级开展志愿者活动打下了基础。

二、选一个典型的“志愿者第一人”

观看了志愿者资料和视频后，学生对“班级志愿者”充满了热情，纷纷表示愿意当班级“志愿者第一人”。如何选好“志愿者第一人”呢？在选择时，我故意“偏心”于无论是行为规范方面还是学习成绩方面都被列入中等生行列的学生，平时默默无闻的C同学成为我心目中的最佳人选。

选中等生做“志愿者第一人”，犹如两层楼梯之间的平台，起着承上启下的作用。对此，优等生会产生不服气的心理：“他能当‘志愿者第一人’，我怎么不行？”学困生、行为规范差的学生会产生“他能行，只要我肯努力，也能行”的挑战心理。同时，向全体学生表明——志愿者是以服务班级为工作目标的，不论你过去的成绩是否优秀，不论你以前的行为是否达标，只要有为班级服务的决心，就可以通过努力成为班级的志愿者。

三、拟一个长效的志愿者服务章程

为了让每个班级志愿者明确自己的义务、职责，全体师生讨论制定了《志愿者服务章程》。

1. 为提高大家的合作精神、志愿服务意识，打造一支团结奋进、能干实干的志愿服务队伍，我班特组建志愿者服务队。

2. 各服务队在班级中队委的组织指导下，设立志愿者队长，负责安排各队员的具体工作。每队4—5人，队长人选由各队员推荐产生，任期一月，优胜劣汰。

3. 志愿者在班内开展义务服务，包括收发当日的作业本，分发水果、点心，提醒同学自觉、认真做好“两操”（课间操、眼保健操），维护班级课间活动秩序，安排值日岗位并积极参与教室卫生打扫……

4. 在校内开展义务劳动、校园美化活动，积极参与校内重大节日、重要庆典、重大活动的志愿服务活动。

5. 每个月对表现突出的志愿者给予表彰奖励，授予“优秀志愿者”称号。获奖者可免写作业一次或得到实物奖励一次，并在期末总评时写入成绩单以示表彰。

…………

班级志愿者与班干部的主要区别在于，志愿者不用采取选举的方式，学生可以自己申请为班级服务。对班主任来说，这解决了面对众多学生选谁当班干部的问题，同时杜绝了一些不良风气入侵校园的现象。

采用班级志愿者制度，实际上摒弃了“官本位”的弊端。这向学生表明，在班级里，人人平等。

采用班级志愿者制度，最重要的是培养了学生“我为人人，人人为我”的意识。在这个世界上，每个人都不是孤立的，必须融入社会。只有尽到责任，为别人着想，才能收获给予的快乐，实现自己的价值。人与人之间互帮互助，和睦相处，会使社会变得更加和谐美好。

志愿服务活动还强化了学生的责任感，增强了学生的团结协作意识，凝聚了团队精神。

>>> 李世丁　浙江省苍南县龙港第四小学

优化值日班长制，唤醒班级内在生命力

值日班长制度有助于提升学生的自我管理能力，但其设计与实施往往存在一些问题。一是没有真正顾及不同学生的成长需求；二是缺少与班级常规管理团队的资源融合；三是仅仅停留在管理层面，没有考虑制度背后人的发展。我认为，只有不断优化值日班长制度，才能发挥这一制度的效能，唤醒班集体的内在生命力。

一、开发系列微课，提升值日班长的履职能力

我在班中开展调查，结果显示：27%的学生认为自己无法胜任值日班长；67%的学生愿意尝试值日班长的岗位，可担心自己没有很好的管理办法。为此，我用心设计系列微课，开展值日班长岗位培训，为学生成长提供有力支持。

1. 微课一：值日班长，幸好有你

为引导学生发现值日班长制度对班集体发展的促进作用，我开设了“值日班长，幸好有你”微课。首先，鼓励学生畅谈班级的优势和不足以及值日班长在建设良好班集体过程中发挥的作用。然后，以小组为单位，让学生结合事例讨论值日班长可以承担哪些方面的工作。最后，我把讨论的焦点集中到值日班长的职能范围上。通过讨论，大家明确了值日班长的职责，并针对五年级学业难度增加的实际情况，减少了值日班长的工作内

容，确定重点围绕班级常规纪律和卫生展开工作。

2. 微课二：值日班长，为你点赞

明确值日班长的职责后，我引导学生寻找身边的优秀值日班长，开设了“值日班长，为你点赞”微课。学生每天记录值日班长的工作状态，为值日班长点赞。在每周的班会课上，我们都拿出一定的时间为值日班长点赞。由于有了前期的观察记录，大家各抒己见，讨论热烈。被点赞的值日班长非常开心，其他学生也在点赞的过程中自觉地向榜样学习。

3. 微课三：值日班长，我能行

如何针对不同类型的问题采取适当的解决办法，是困扰许多值日班长的问题。因此，在微课“值日班长，我能行”中，我们为学生提供了系列工作方法指导。微课主要通过情景再现的形式进行。

比如，下课了，值日班长发现两个学生在打闹，便上前制止：“小王、小李，你们不要总是下课后追来追去，多危险啊！”“你既不是老师，也不是班干部，你管不着！”面对这样的情景，值日班长该怎么做？我请学生现场解决问题，并说明理由，由大家共同讨论方法是否得当。以此让学生明白：值日班长工作方法多种多样，需要根据具体的情境选择适当的方法，值日班长需多思考，多请教，换位思考，寻求支持与配合。经过几次培训，大家都增强了做好值日班长工作的信心。

二、建设良好环境，增强值日班长的使命感

值日班长岗位属于班集体所有成员的轮换岗位，其威信和使命感的提升需要与其他岗位工作相融合。

1. 制作值日班长徽章，营造良好氛围

徽章对小学生具有很大的吸引力。值日班长每日佩戴徽章，可以提升值日班长的威信和荣誉感。我组织班集体成员设计徽章。经过大家商议，确定值日班长徽章为企鹅图案，寓意为值日班长的主要工作是监督纪律和卫生。企鹅是一种安静有序的群居动物，值日班长的工作目标旨在让班级安静、有序、团结一致。

2. 布置班级环境，留下值日班长的足迹

在黑板左上角开辟“今天我当家”栏目，每天把值日班长的名字写上去。在教室墙面的班级活动栏里，有固定板块留给为值日班长点赞，值日班长获得一定的点赞数，可以获得一枚企鹅徽章作为奖励。

3. 引导值日班长岗位流动，融合管理团队

班干部队伍是班集体中威信最高的团队，课代表、组长在班级常规管理中不可或缺。学生往往对这些岗位有着向往之心。但小学高年级学生对自己的形象和定位开始固化，长久担任管理岗位的学生会有一种莫名的优越感，普通学生也觉得自己的确做不了小干部，这对整个班集体以及学生的长远发展十分不利。我把优秀值日班长作为下一届小干部候选人，为愿意服务班级的学生打开一条通道，给他们提供展示自己的平台。

三、完善评价机制，促进值日班长成长

班集体建设的最终目的是使每个学生都获得成长，评价可以促进学生成长。

1. 值日班长日志，自我反思促成长

我请值日班长尝试记录当天的工作经历和体会，包括成就、失误、苦恼、建议等。这些记录，既是值日班长对当天工作的回顾，也是对自我成长的反思。同时，值日班长日志是评选“每周值日之星”的重要参考依据。

2. 三句话日记，同伴互评助成长

学生每天观察、记录值日班长的做法，撰写小日记，有话则长，无话则短，三句即可达标。利用午会课时间，我们开展三句话日记交流活动，获得好评的日记入选班级优秀作品集，打印成册，作为学生的期末礼物。

3. 评选每周之星，积累好评固成长

每周获得点赞数最多的学生获得“值日班长之星”称号，并获得小企鹅贴纸。小企鹅贴纸可以兑换奖励券，用于自主挑选奖励项目，比如为班级选择午餐音乐、挑选图书等。同时，小企鹅贴纸可以作为下一任班干部竞选的入场券。通过每周评选，让学生积累好评，帮助学生养成良好习惯。

4. 设立特殊奖项，发现亮点引成长

由于班级人数多，为激发学生持久的兴趣，我引导学生设立多个特殊奖项。比如，一名值日班长指出在午餐时间应该让值日生先吃饭，这样可以让值日生有更加充裕的工作时间，也是对热心助人学生的肯定与奖励。为此，我们特设“智慧奖”。此外，还设立了“助人为乐奖”“最佳日志奖”等，引领学生在值日班长工作中勤于思考，发挥所长。

>>> 刘金丽　上海市松江区中山小学

赋权，班级民主管理的起点

高中阶段，学生的独立性、自主性和参与性都处于快速成长的时期，单纯的说教、单一的评价标准已经不能适应学生身心发展的需要。于是，我尝试在班级管理中，对学生进行赋权，让学生生成民主意识。

一、赋权并不能立刻解决问题，只是解决问题的开始

在向全班学生征求班级自由分组意见时，一名女生给我写信表达了这样的担忧——民主管理机制真的能够解决班级纪律和作风问题吗?

她的担忧不无道理。赋权，在操作层面上是把班级事务的话语权交给学生，各项规章制度、班级活动方案等由学生讨论后按照少数服从多数原则和兼顾弱者原则确定。在话语权的背后，是班委选拔权、制度确定权、活动方案设计权、座位选择权、作业设计权、奖惩权等多种权力的下放。

自己的事情自己说了算，学生当然高兴，然而在当家做主的兴奋劲儿过去后，大家针对班级管理制度的争论越来越激烈。许多学生戏称班会课为“宫斗会”，有的学生甚至希望回到“专制时代”。

面对学生的质疑和班级表面的“堕落”，我不为所动，坚持“我只有一票”的态度，坚持解决问题不能仅靠班主任，要靠大家讨论，严格依照少数服从多数的原则。反复几次后，学生终于明白“这个问题找老师没有用”，“还是我们自己商量吧”。在激烈的讨论、碰撞中，他们慢慢学会了摒弃偏见，寻找平衡点，找到大家都能接受的方案。

这使他们明白，权力是有边界的，而边界是碰撞出来的。

二、只有赋权之后，学生才能知道权力怎么使用才有效

赋权之后，班级凡事都要开会，几乎每个人都想表达自己的意见。班会经常开到吃饭时间还没有结束，以致大家饥肠辘辘。为了改变效率低下的状况，有些学生在正式提交提案前，会认真完成前期调查、舆情摸底、方案修正等工作。这种做法在全班得到推广，几乎在我的“袖手旁观”中实现了班会效率的提高。标准的提案要求具有可操作性，学生逐渐意识到细节的重要性，在重视提案内容的同时，更加注重操作层面的考量。“纸上得来终觉浅，绝知此事要躬行”，学生现在才真正体会到其内涵。现在，我们有专门的提案日，每月一次，高效而简洁，特殊情况可以制定紧急提案。

三、赋权意味着学生不再服从权力，不再依赖老师和班委

有些班委成员在实行民主管理后既开心又落寞。卫生委员说，从前打扫卫生要“威逼利诱”才行，现在大家都很自觉；体育委员也不必费尽口舌寻找校运会参赛人选；大家感兴趣的文娱项目、读书项目、戏剧表演项目如雨后春笋般涌现。很多活动不需要班委会出面，有的班委成员觉得自己被边缘化了。有一天，某小组甚至提出取消多余的班委职务的提案，在班上引起轩然大波。理由很简单——闲置的班委没事干，占据学期优秀班干部的评定指标，不合理。

出于各种理由，许多矛盾公开化了。被攻击的班委成员心里不舒服，从小到大都是老师的左膀右臂，在班上“呼风唤雨”，现在居然被放在火上烤，觉得忍不了。于是，有的径直来找我辞职，态度决绝，神情冷漠。接着，一群闺蜜战友在各种场合为其鸣不平，抹黑提案学生，甚至对我说，班级的矛盾越来越多乃民主之弊也。闻之，我不禁莞尔：没有矛盾，如何真正体现民主管理的价值？没有矛盾，怎么会辩论？没有矛盾，怎么会纠正班级制度的纰漏？没有矛盾的和谐是假和谐，能够正确对待矛盾的

班级才是真正和谐的班级。

那么，怎么对待矛盾呢？

我引导学生确定了以下几条原则：第一，有话当面说，不背后说人，批评正面化、公开化；第二，对事不对人，就事论事，不东拉西扯翻旧账，尤其不准进行人身攻击，不得使用带歧视性的语言；第三，批评文字化，将批评化作提案，思路要清晰，少说废话、套话；第四，将班会搭建为班级常规议事的平台，让有意见的学生有表达诉求之地；第五，鼓励学生在批评的同时提出建设性意见，批评的目的是解决问题，而不是产生问题。班级议事原则确定后，杜绝了谣言、流言暗流涌动的现象和小团体利益至上的现象。

新思路带来的效果是明显的，现在我们的班干部再也没有闲职，透明、公开的民主管理让班级走上了良性发展的道路。班级的财务制度、选举制度、团队活动方案等都在赋权之后逐渐完善起来，学生的民主意识得到明显提升。

>>> 张鹏飞　广东省中山市华侨中学高中部

建立班级岗位制度，人人参与班级管理

要建设优秀班级，班主任必须发挥学生参与班级管理的主动性、积极性。经过数年摸索和反思，我建立了一套行之有效的班级岗位制度，促使学生人人参与班级管理。

一、设置班级岗位，明确岗位分工

开学初，我向每个学生发放一张自荐单，自荐单正面是各个班级岗位及其职能说明（见表 1）。

表 1　班级岗位职能表

岗位	工作内容
班长	配合老师管理班级，督促各岗位负责人做好本职工作
副班长	配合老师管理班级，协助班长督促各岗位负责人做好本职工作
室内劳动委员（2 名）	督促、检查室内清洁卫生
公共区域劳动委员	督促值日生早上、中午打扫公共区域，并检查清扫情况
语文学习委员	做语文老师的小助手，带好语文早读，记录语文课上同学的表现，并在班级群中反馈
数学学习委员	做数学老师的小助手，带好数学早读
体育委员（2 名）	配合体育老师开展体育教学工作，组织同学参加运动会，组织路队，带领同学参加学校集会及大课间活动

（续表）

岗位	工作内容
纪律委员	维持课堂秩序，督促值日生完成值日工作
生活委员（2 名）	指挥大家有序排队打饭、安静进餐；监督大家不浪费粮食，有序添菜、添饭，不在室外就餐
眼操管理员	监督大家认真做眼保健操
电脑管理员	早上到校后开电脑，大课间播放课间操视频，下午放学后杀毒、关电脑
餐桌管理员（2 名）	第三节课后摆放餐桌，午休前将餐桌擦干净并收拾好
盆栽管理员	每天上午第一节课后、下午最后一节课前为班级盆栽浇水
书架管理员	保持书架上的书本摆放整齐
课间内务监督员	课间监督、提醒各课间内务监督组组长做好本组内务检查工作
课间内务监督组组长（8 名）	课间监督、提醒本组同学保持地面清洁及课桌整洁
班级财产安全监督员	规范管理、登记同学在班级捡到的物品及物品归还情况，监督同学爱护教室公物
课间安全文明监督员（4 名）	及时劝阻班级不文明现象，调解同学之间的矛盾
清洁水槽负责人（2 名）	早读前、中午清洁水槽等
开关门负责人	保管教室后门钥匙，早上负责开门、开窗，下午放学后负责关窗、锁门
开关灯负责人	全班离开教室或中午吃饭时关灯，关灯前配合课间内务监督员提醒同学整理好自己的座位，全班回到教室上课时开灯
语文科代表（2 名）	收发语文作业
数学科代表（2 名）	收发数学作业
英语科代表	做英语老师的小助手，收发英语作业，组织英语早读
美术科代表（2 名）	做美术老师的小助手，组织同学美化教室环境
音乐科代表	做音乐老师的小助手，收发音乐课本，整理音乐器材，组织同学参加学校、班级文娱活动
科学科代表	做科学老师的小助手，鼓励同学参加各种科技活动

在设置班级岗位及设计班级岗位职能表之前，我充分发扬民主，重点开展了两项工作。

1. 师生合作共同设置岗位

学生升入小学中高年级后，对班级岗位设置会有自己的见解，班主任应该耐心倾听，并采纳好的建议。如，课间内务监督组组长岗位是课间内务监督员提出设立的，主要原因是由一名课间内务监督员检查全班的内务整理难度大、耗时多，所以需要助手协同管理。全班商讨后，决定在每个小组设立一个课间内务监督组组长，监督、提醒本组同学保持地面清洁及课桌整洁。班级内务监督员负责监督、提醒各课间内务监督组组长做好本组内务检查工作。

2. 结合班级需要适当调整岗位

岗位设置不能一成不变，应该根据班级需要适当调整。上学期末，我们班根据学生的建议，增设了课间安全文明监督员岗位。主要原因是班级男生多，有几个学生情绪容易激动，总发生一些冲突，而老师不可能随时盯守他们。所以，必须发挥同伴的力量，一旦发现同学起争执，及时劝阻。同时，四个课间安全文明监督员发挥示范作用，带领更多学生维护班级的文明和谐。

二、自荐与民主选举相结合，选拔岗位负责人

我们班班级岗位负责人主要通过两个步骤产生。

1. 学生自荐

学生明确班级岗位设置后，开始自荐。学生可以利用 1—2 天时间，认真思考自己适合什么岗位，填写班级岗位申请表（见表 2）并交给老师。

表 2　班级岗位申请表

申请人姓名：	
申请职务 1：	申请理由：
申请职务 2：	申请理由：

2. 民主选举

学生提交班级岗位申请表后，老师对学生的岗位申请情况进行归纳梳理，并利用班会课进行民主选举。如果自荐人数多于所需人数，由自荐人上台进行竞选演讲，然后全班学生投票，根据得票情况确定岗位负责人；如果自荐人数正好等于所需人数，则进行全班投票，如果有一半以上的学生支持则自荐人顺利当选，如果支持人数少于一半则自荐人需进行临时自荐，直到选出大家信任的人选；如果岗位申请人数不足，则采取临时自荐方式产生候选人并进行班级选举。

在学生竞选时，我鼓励每个人积极参与。比如，小飞和小琨是班上特别调皮的学生，但他们都选择竞选“餐桌管理员”，自荐理由是“餐桌很重，他们力气大”。我及时肯定了他们的优点，最终他们得到全班大多数同学的支持，顺利当选。

三、建立岗位监督系统，全班互相监督

选举成功并不意味着坐稳岗位了，当选的学生还要经过实习期，接受

每周的考核。

1.“实习”两周

每个岗位负责人当选后，有两周的实习期。实习期满后，全班针对他们的表现进行举手表决。如超过半数学生认为该岗位负责人认真负责，该岗位负责人可以“转正”；如举手的学生没有超过半数，需要重新选举岗位负责人。

2. 班长、副班长负责制

“转正”后的岗位负责人要接受班长、副班长的监督。班长、副班长每天对他们的表现进行打分，在周五的班会课上进行总结。每天尽职尽责的岗位负责人可获一个“优秀章”，五个“优秀章”换一封表扬信，表扬信可以在期末时换取奖状，由老师在家长会上亲自交到家长手中。如连续两周扣分达到一定限额，该岗位负责人就要“下岗”。

班长、副班长的“业绩”直接与岗位负责人的工作挂钩。如果发现岗位负责人失职，但班长或副班长没有及时提醒或者记录，则属于班长、副班长失职，班长、副班长将不能获得“优秀章”。

3. 全班学生监督

所有岗位负责人都要接受全班学生的监督。如果某岗位负责人被同学“举报”三次及以上，立刻“下岗”。班长、副班长进行工作小结时，学生可以提出疑问或者指出班长、副班长监督不到位的地方。一旦被指出不足，就意味着班长或副班长失职。

至此，一套岗位监督系统建立起来。

四、成效

经过一段时间的实践，班级岗位制度取得较好效果。

1. 提高了学生参与班级事务的积极性

班级岗位制度能提高学生参与班级事务的积极性。每周五的周总结，是提升班级自主管理的良好契机。例如，班长和纪律委员是好朋友，但在工作上班长铁面无私。一次，班长指出纪律委员没有及时提醒值日生擦黑板并扣了分。之后，只要一下课，纪律委员就会赶快叫值日生擦黑板。有时遇到第二节在音乐教室里上课，纪律委员会提醒值日生擦完黑板再去上课。

2. 学生主动参与，及时解决问题

在工作小结中，学生也会提出问题，然后大家一起讨论解决。一次，副班长刚刚表扬完本周工作做得好的岗位负责人，一个学生便提出疑问："盆栽管理员是不是忘了给我们的'种植园'浇水了？"盆栽管理员解释道："下午放学后我把浇花用的矿泉水瓶放在抽屉里，可后来不见了，我总不能把'种植园'搬到水龙头下浇水吧？"原来，下午打扫卫生的学生把矿泉水瓶当成垃圾扔掉了。

于是，我请学生思考到底应该怎么做。有的学生提出："没有矿泉水瓶，可以用自己的水杯去接水。"盆栽管理员点点头，承认自己失职。最后，我提议盆栽管理员第二天再带一个矿泉水瓶，放在指定位置，按照要求每天准时给盆栽浇水。就这样，一个问题在全班学生的参与下顺利解决。

3. 有助于解决班务工作中的难点问题

之前，我最头痛的问题是班级内务，经常上完一节课后发现桌椅摆放乱七八糟，抽屉里滑落出很多小垃圾，手工课后教室里更是一片狼藉。为此，我尝试过很多办法：让不爱整洁的学生扫地，给表现好的学生盖章，设立四名班级内务管理员随时检查……效果都不明显。后来，我上网查阅了一些资料，在班会课上全班商议通过了一项决定：全班 5 排 8 列，按 8 列分成 8 个小组，每个小组设一名小组长，负责提醒当日检查内务的组长履行职责；课间内务监督员在课间检查全班的内务并做登记；周五小结时，我依据课间内务监督员的检查情况，对一周得星最多的组长发表扬信和奖品，组长可以根据组员的表现，选 1—2 名组员一起领奖，被扣分的学生会受到相应惩戒。

实践证明，实行班级岗位制度后，班级各方面的表现有了明显改善，几乎每周都能得到“金星班级”荣誉称号，班级凝聚力和学生的自我管理能力也得到明显提升。

>>> 张雪　四川省成都市建设路小学

我是这样选拔班长的

这是担任三班班主任的第三个年头了，想起当初选班长的经历，至今感受颇深。

一、指定班长，初战失利

我从初一开始担任这个班的班主任。根据全班学生自愿报名、入学登记表上的信息和暑假家访中对学生的了解，我指定小元同学担任班长。半个月过去了，在全年级 6 个班中，我们班成了教学秩序最乱的班级。任课老师反映，作为班长的小元连自己都管不住，更谈不上管理其他学生了。我也曾经就班级管理与她交流过，但成效不大。无奈，在入学一个月后，我们班正式进行班长竞选。

二、竞选班长，众望所归

班长竞选包括老师动员、候选人宣读竞选报告、无记名投票、公开唱票等程序。

先由学生推举的 5 名班长候选人分别宣读竞选报告，然后由我介绍班级民主投票选举班长的原则。一是班长必须具有自我管理和班级管理的责任意识及相应的能力。学生要把既能管得住自己又能带好全班的人推选出来。二是班长学习成绩应该在班级中等以上水平。我之所以反复强调民主投票选举班长的原则，是因为没有一个充分动员、学生参与的过程，其结果的合理性难以得到保证，学生的接受程度也会大打折扣。

在无记名投票后进行唱票，小东 14 票，排名第一，小元 9 票，排名第二。小东当选班长。第二天，我在班上正式宣布选举结果，并欢迎每个候选人验票。其实，小东当初并不想竞选班长，原因是小元与她在一个班，同为球队队员，两个人都在争取上本校高中，担心把关系闹僵了。经过我的动员，小东才参加了竞选。当选班长以后，小东表示了努力工作的决心。我也及时做了小元的思想工作，既肯定了她的优点，又指出了其不足之处和努力方向。

三、辞职风波，再起波澜

一个月后，小东伤心地要求辞去班长，原因是小元找借口对小东表示不满，并且当着同学的面对小东说："好多人都不赞成你当班长。你以为你是谁呀？有本事，你在学习上超过我！"

经了解，小东所说的情况属实。我找到小元，经过一番交谈，小元逐渐认识到：班长在学校知识竞赛报名的问题上没有出错，没有按时报名致使不能参加比赛的责任完全在她自己。在学习上，同学之间应该展开良性竞争，借此发泄个人怨气是不对的。在交谈中，我了解到，小元在班长选举后虽然验了票，但仍不服气。对此，我想了许久：班级学生在日常行为习惯和学习方面，竞争意识比较弱，如果没有建立完善的竞争机制、营造良好的竞争氛围，班干部的自信心和威信就很难建立并强化起来。

第二天中午，我召开了班委会，讨论了"班干部产生办法"。下午，我组织学生利用班会时间对辞职一事进行讨论，大家畅所欲言，肯定了小元为班级争光的参赛愿望，指出了她的错误，并纷纷表示希望小东继续留任班长。小东非常痛快地答应了。我对学生明辨是非、树立班级正气的做法给予了充分肯定，同时对小元的想法也表示理解，并介绍了"班干部产生办法"中与班长职责相关的内容。

第一，每个学期末，凡有意参加班长竞选的个人，可以主动提出申请，由全班同学投票选举，当场唱票，之后正式公布选举结果。

第二，对班长实行考评奖惩管理，实行课堂自主管理末位淘汰制。

第三，当选班长任职前要进行宣誓，誓词为“我庄严承诺：认真履行班长职务，做遵规守纪的模范，做爱学会学的模范，做维护班级利益的模范”。

第四，班长和同学要互相理解、互相尊重，形成平等互助的良性竞争关系，齐心协力地开展班级工作。

班会结束时，从学生充满笑意的脸上，我看到了什么叫心悦诚服。

四、以制度选人，步入正轨

初一第一学期末，小元再次提出竞选班长的申请。为此，全班举行了进入中学以来的第二次民主选举班长活动。学生积极参加投票、唱票、监票和计票等工作。我当场宣布了选举结果：全班 42 人参加投票（2 人因参加校级表演未参加选举），小东以 36 票的绝对优势再次当选班长。

经过两次选举，小东的自信心得到极大提高，也得到同学的理解和支持，已经能够较好地管理班级。小东在其他方面也取得较大进步，先后被评为班级学期风云人物、校级班长标兵和市区两级“三好学生”。

小元也变得成熟起来。她说，通过选举，知道了什么叫真正的竞争和民主。后来，她当上了副班长，并且考取了本校高中。在初三年级毕业典礼上，在与老师们一一道别时，她哭得如同泪人一般。

我们班的班干部队伍在班集体建设中发挥了模范带头和自主管理作用，全班学生也在各种活动中得到了锻炼和成长。

选拔班长的难忘经历，使我深刻地感受到，建立人人平等参与的竞争激励机制，严格投票、唱票的民主选举形式，对优良班风、学风的形成、巩固，对学生竞争意识、民主意识和责任意识的形成，具有十分重要的作用。

>>> 张德宝　北京理工大学附属中学

这才是我想要的班干部

“老师，这是今天午自习时违反课堂纪律的同学名单。”班长说完，递过来一张纸条。

“老师，这是今天美术课上不认真听讲的同学名单。”一下课，美术课代表也递来一张纸条。

“老师，这是今天体育课上违纪同学名单，他们没经过老师同意就去打篮球了。”体育委员也递来一张名单。

…………

自从上周五我在班委会上指出班干部管理的积极性不高后，班干部们果然“大有起色”，仅一天就交上来 5 张纸条。

面对着这 5 张记满名字的纸条，我喜忧参半。喜的是我的助手们终于有了行动，比之前的不作为强多了；忧的是这些纸条只是在向我表达这样的信号：“老师，我已经管了，至于怎样处理，那是您的事情！”

第二天中午，我请班长召集所有班干部开会。一开始，我便把 6 张纸条（上午又有班干部送来 1 张）摆在大家面前，郑重地说：“同学们，今天的会议，我要说的第一句话是‘感谢大家’。老师看得出，你们已经开始以班干部的身份管理班级，这是一大进步，特别值得表扬。下面请大家一起鼓掌，表扬一下自己。”（众人鼓掌）

掌声停下后，我接着说：“这 6 张纸条上共记录着 37 个名字，如果我和每人谈话 3 分钟，今天我需要花多少时间去处理这些事？你们都是学习上的佼佼者，这道题应该难不倒大家。”我的话音刚落，班长便高声答道：“111 分钟。”

“111分钟，将近两个小时，可能和有的同学不止谈3分钟，时间就更长了。”我苦笑了一下，“同学们，我即便下午不上课，一个连着一个谈，也不一定能谈完啊！”

这时，班干部们都瞪大了眼睛看着我，估计他们都没有想到，小小的纸条背后竟还隐藏着这么大的问题。

“我的助手们，是否有一种方法，既能让我知道每天班级的状况，又能降低工作强度，让我有更多时间投入班级其他事务中呢？”我抛出了问题。

“老师，以后我可以不记名字，下课后直接找他们谈话。”班长小媛说。

“这样老师还是不知道当天班级中发生的事情。我们可以先记下来，课后找他们谈话，谈完再跟老师汇报。”副班长小炅补充道。

我微笑着不停地点头。

“老师，我们班不是分成三个大组吗？我们可以把发现的问题集中到各组，让组长找相关同学谈话。”

最后，我们达成了共识——班干部能解决的事情，他们自己解决；不能解决的，第一时间向我报告。最后，我激动地说：“好，老师再次感谢大家，我特别相信你们的工作能力，相信你们一定能够拿出好办法处理班级事务……”

第二天一早，我的办公桌上依旧“躺”着两张纸条，一张是音乐课代表写的，一张是劳动委员的，虽然形式是一样的，但是记录的内容却不一样。

如劳动委员的纸条上写道：

昨晚值日情况汇报：

许××（忘做值日，早上我找她谈话，她已经知错，今晚补值日一次）。

陈××（值日时不听从安排，已经和组长一起找他谈话，他也已经知错）。

记录人：劳动委员路××

2018年11月15日

看着这两张纸条，我顿时心潮澎湃：这才是我想要的结果；这样的班干部才是我想要的班干部。

>>> 陈兵　江苏省苏州工业园区独墅湖学校

联手任课教师，团队协作育德

对一个班级而言，如果班主任能和任课教师形成德育团队，用教师集体的力量来建设一个班集体，远比班主任一个人管理班级更有利于学生的成长。

如何实现班级教师团队协作育德呢？我在工作中积累了一些经验，与大家分享。

一、与任课教师积极沟通，统一认识

为了使班主任和任课教师对学生的教育协调一致，劲往一处使，我坚持与任课教师积极沟通，统一认识。

1. 经常与任课教师沟通班级目标

在每学期初，我会把本学期班级教育目标告知任课教师，与他们统一认识。在学期中，我不断地与任课教师进行交流，了解教育目标达成情况并适时调整。学期末，我会再次与任课教师沟通，确定下学期的教育目标。

比如，上学期末，在与任课教师交流后，我了解到班级学生在文明交往方面存在欠缺，为此我确定了本学期班级德育的关键词——“文明”，并开展了系列活动。比如，要求每组学生制定本组文明公约，设计文明小报；召开“文明伴我行”主题班会等。在此过程中，我还让学生采访各任课教师，请他们谈一谈对学生文明礼仪方面的感受和建议，以便更好地推进工作。

2. 经常与任课教师沟通学生的情况

班里有一个男生，特别容易动怒，不分时间和场合，甚至在课堂上也会因为很小的事情发火。我了解到，这个孩子的主要问题是不善于与人沟通，不懂得在遇到挫折和委屈时应该如何处理。为了更好地帮助他，我与班里每一位任课教师及时进行沟通，达成共识：对这个孩子以安抚和疏导教育为主，当出现问题时不要一味指责，而是教他如何处理问题。这避免了他与老师在课堂上发生冲突，使得他逐渐学会了处理问题的方法，学会了控制自己的情绪。

同时，由于我管理学生相对严格，一些学生有时候更容易和任课教师接近，尤其是自己所喜欢科目的任课教师。因此，和任课教师沟通也便于我了解这些学生的思想动态和心声，从而有针对性地开展教育。

3. 做好协调工作

在日常工作中，各任课教师分别从自己所教学科出发进行教育教学，有时会因沟通不及时出现一些问题，需要班主任进行协调。比如，早自习后第一节课若是外堂课，我会及时与负责早自习的任课教师沟通，请他提前几分钟让学生做好课前准备。在作业的布置上，我也会尽量协调，力争让任课教师们不在同一时间给学生安排较多的课后作业。

二、主动参与各学科教学活动

任课教师对学生的德育大部分是在教学活动中完成的。各学科的教学活动也是我关注的重点。

1. 在学生面前树立任课教师的威信

任课教师在学生心目中的形象和威信直接影响德育效果。因此，我经常在学生面前肯定任课教师的教学质量和认真负责的工作态度，在班级中营造尊师重教的良好风尚。

2. 协助任课教师抓教学质量

我要求学生每天到校第一件事是交作业，课代表在早自习开始前必须将作业送到任课教师的办公室。在开学的头两个月，我会在每节课预备铃响起时，在教室门口检查学生的课前准备情况。当任课教师需要时，我会帮助他们监督班级的英语听写、语文默写等。这样的协作，一方面能够与任课教师在教学上形成良性合作，另一方面能够培养学生的规则意识。

3. 结合学科教学，开展德育活动

我经常了解各学科的教学进度和内容，以便与学科教学结合起来开展德育活动。上学期，我了解到语文学科正在讲授《谈友谊》一课，便召开了一次如何与朋友交往的主题班会，让学生体会什么是真正的友谊，以防学生形成“小团体”。通过了解各学科的教学内容，我寻找到教学与德育的结合点，增强了德育的针对性和实效性。

三、邀请任课教师参与班级活动

班级活动是德育工作的重要载体。让任课教师参与班级活动则是团队协作育德的好方式。我主动邀请任课教师直接或间接地参与班级活动。

我曾经组织过一次名为“寻找美的旅程”户外主题教育活动。活动的全过程都有任课教师参与。在准备期，我请体育老师协助准备“运动之

美”环节所需要的道具，请语文、物理、历史、政治、地理老师为“知识之美”环节出题；活动当天，邀请体育老师和学生一起参与活动；活动结束后，我邀请任课教师通过投票和打分的方式为学生在“自然之美”环节所拍摄的照片做出评价。任课教师的参与，让我轻松不少，也让活动取得了更好的效果。

初三，我们班每个月过一次集体生日。在生日聚会中，我会邀请不同的任课教师给学生送上祝福。任课教师的参与，使学生对学校有了更强的归属感。我还邀请任课教师和学生一起看电影。我发现，任课教师的参与，使学生参与活动的积极性更高，也使活动的效果变得更好。

我还将家长的联系方式告知任课教师，让他们和家长及时沟通。我适时创造机会，让任课教师与家长面对面交谈，更好地形成家校合力，帮助学生健康成长。

>>> 刘丹　北京师范大学附属实验中学

“五法”赢得科任教师的心

班主任工作离不开科任教师的支持，如何赢得科任教师的支持是一门艺术，也是成就优秀班集体的重要前提。以下是我总结出的五种方法。

一、让，即谦让

在工作中，我坚持“不占用本学科以外时间”的原则，提高课堂效率，合理安排班队会、自习课等时间。一部分时间开展班队活动，锻炼学生的能力，凝聚班级合力；另一部分时间邀请科任教师进行学科辅导，扶持薄弱学科，促进各学科均衡发展，赢得了科任教师的赞赏。

二、树，即树立科任教师的威望

在接手班级前，我主动了解科任教师的教学经历、教学成果及对班级的期待。开学初，用专门时间介绍科任教师的教学成就和风格，让学生对这些未曾谋面的老师充满期待，并通过学生转告家长。由于我注重树立科任教师的正面形象，当学生发生问题时，自然会第一时间躬身自省，而不是把责任推给科任教师，家长也就不会无端干涉教师的教育教学工作。

三、帮，即及时帮扶成绩落后学科

对成绩落后的学科，我会了解问题形成的原因，并针对相关问题积极与科任教师协调，与学生沟通，争取尽快解决问题。

四、励，即鼓励优秀科任教师

比如，我与物理教师认真梳理物理学科的学习方法，分析不同层次学生发展的可能性，总结适合不同学生的教育方法。不久，物理学科取得了好成绩。我及时传达学生对教师的肯定和赞美，转达家长对老师的感激之情，激励教师全力投入工作。班主任的鼓励，能给科任教师不断前进的动力。

五、抚，即安抚

班主任要帮助科任教师解开内心的疙瘩，帮助他们解决遇到的难题、困惑。我一般从两方面入手。一是用心观察，主动关怀。比如，发现某位老师眉头紧锁，就询问其是否遇到了烦心事，适时给予疏导。二是抓住重要纪念日，与学生一起对科任教师表达感激之情。在教师节、教师生日等重要日子，我组织学生给老师发送祝福短信，写温馨书信，动手制作小礼物等。这不仅让学生学会了感恩，也让教师享受到职业幸福感，为工作注入新的动力。

与科任教师精诚合作涉及多方面的内容，班主任要用心经营，这样才能赢得科任教师的大力支持，共同促进学生健康成长。

>>> 王兴　四川省成都外国语学校

一个班级管理妙招：每日小班会

晚自习前的小班会如期进行着。

值日班长小纬手拿《班级日志》走上讲台："下面由我总结今天的班级情况。"他低头看了看《班级日志》，继续说道："今天早晨 ××× 同学压线进教室，算迟到，希望明天注意。今天的课堂学习中，大家精神状态很好，这里特别要表扬第一小组和第三小组，他们分别在语文课和数学课上有精彩的表现。第一组的小峰同学在作文课上对升格作文的评点非常到位，受到老师和同学的一致好评；第三组的小楠同学在数学课上对试卷上的第 16 道题给出了更为简便的解答方法。这里对两位同学予以表扬，希望全班同学都能向他们学习……"

我在一旁认真地听着，为值日班长精准的点评暗暗叫好，并等待着下一个环节——小组推介。按照班会惯例，值日班长一分钟总结后，由一名小组长或小组代表推介本组的好人好事。哪知值日班长又提高了声调说道："最后还有一点要提醒大家，天气虽然转热，但早晚温差仍然大，大家要注意保暖，特别是体育课后不要脱衣服，防止受凉感冒。"

一股暖流从心田流过——多体贴的话语，这孩子真会关心人！同时，我也思考着：每天两分钟的小班会给班级带来了什么？给学生带来了什么？

一、小班会更具时效性，可促进班级良好风气的形成

与一周一次的班会相比，小班会更具时效性。班级每日都有需要解决

的问题，每日值日班长总结班级情况，解决各类问题，小组推介本组的好人好事，时效性非常强。

学生的成长、进步，需要肯定，需要时时为他们树立榜样，指明方向。每日一次的小班会，特别是及时表扬好人好事，既让受表扬的学生和小组保持良好状态，又为班级全体学生树立了学习榜样，促进了班级良好风气的形成。

二、小班会更具针对性，让班级充满正能量

每日小班会上的总结，是班级真实情况的再现，是全体学生共同生活的再现。这些信息既能让学生及时了解需要改正的行为，又能让学生知晓人人皆有闪光点，人人皆可以成功。

小班会以正面激励、正面引导为主，更有发言者满满的期待，让班级充满正能量。以“小高考”备战为例，枯燥的复习会让学生感到疲惫，出现懈怠情绪，而每日小班会上，值日班长励志的话语，表扬好人好事等，能有效地激励学生。与班主任的说教相比，学生的话语更具说服力，更能直达心灵。

三、小班会培养了学生的能力，让学生真正成为班级的管理者

值日班长的一日总结，虽然只有短短一分钟，但有批评、有表扬，既全面又有重点；不是让人难受的批评、令人生厌的说教，而是以事实说话，以榜样激励，以典型引路。特别是小纬同学最后一段的补充，那温暖体贴的话语，为班级注入了暖流。

除值日班长外，每日还有一名小组长或小组代表推介本组的好人好事，这对培养学生的能力起到了重要作用。这就要求学生学会发现他人的长处，全面认识、评价他人。因为推介的是本组同学的闪光点，所以学生在平时的学习生活中会积极表现，这本身也是对学生的激励。

要让学生真正成为班级的管理者，而不是成为班主任的代言人，就得让学生主动去发现身边的好人好事，讲身边的事。

两分钟的小班会还可以做怎样的拓展？形式还可以怎样优化？学生的参与面是否还可以再广一些？学生如何表达更具吸引力？如何发挥小班会在班集体建设中的作用？学生的自主管理还可以有哪些更有效的形式？……我的思考还在继续。

>>> 金庞　江苏省邗江中学

让写评语成为教育学生的良机

如何更好地完成学生评语的撰写工作，把写评语的过程变成教育学生的良机，是令很多老师头疼的难题。我在班级开展“我给______画像”活动，发动学生、科任老师、家长参与写评语，取得了不错的效果。

在期末考试前两周，我向所有学生、老师、家长下发了一张表格（见表 1）。

表 1　上学期“我给______画像”

班主任的话	各位同学、家长、老师： 　　你们好！ 　　转眼间，一个学期即将结束，我们在成长的路上又向前迈进了一步。一路风雨，一路歌；几许收获，几许愁。 　　成长，需要掌声；成长，更需要提醒。为此，我们特地开展“我给______画像”活动。请大家拿起手中的笔，为自己、为同学、为孩子、为学生画像，用你独特的视角，写上真挚的话语，留下温馨的提示（150 字左右）。
我的自画像	
同学给我画像 **（同桌或班干部填写）**	
老师给我画像 **（由科任老师填写）**	
家长给我画像	

一周后，学生上交了表格。从填写的内容看，“我的自画像”一栏，学生主要反思自己的缺点，显示出痛改前非的决心等。“同学给我画像”一栏，同学更多的是表达欣赏，只是偶尔提一点儿建议。“老师给我画像”一栏，老师从学科角度，对学生提出建议，给予鼓励，具有较强的针对性。“家长给我画像”一栏，家长们流露出了对孩子的深深疼爱与殷切期望。

以小远同学的评语为例。

我的自画像：我不敢说自己是一个好班长，也许太爱表现了，也许是太爱与大家分享了，我已经失去了许多“民心”。自己的老问题虽然有了改进，但还不够，仍需努力。“路漫漫其修远兮，吾将上下而求索”。我的工作方法可能过于死板，不会变通，我希望自己能够再次飞跃，可不知道怎样前行。我又开始怀疑自己的能力了，也不知道下个学期自己能否顶住这种压力。这个学期班级有所退步，是因为我指挥的方向有问题，还是因为我本身的问题呢？

同学给我画像：小远很负责任，但是在细节方面做得不够好。他有许多优点，也常常为了班级荣誉做出牺牲。我们都觉得他是个不错的班长。的确，他是有点儿墨守成规，我会不断为他加油的。（小鹏评）

老师给我画像：你聪明诚实，待人热忱有礼貌，学习积极认真。步入初二，随着年龄的增长，你的心思变化较大。希望今后扩大知识面，树立远大的目标，静心多思，早日实现自己的理想。（物理老师评）

家长给我画像：这学期因为自己生病加上工作十分繁忙，我对儿子的关心和督促相比过去少了许多。儿子能保持成绩足以让我这个做父亲的高兴了。母鸡翅膀下的小鸡总有一天会走出去的。这也许是一件好事！作为一班之长，你可能付出多，回报却少。这需要你为其他同学做榜样，同时要多关心、帮助其他同学。

综合各方面的评语，加上我的评价，对小远同学的评语很快产生了。

小远，看到你的名字，我想到了诗句——“不畏浮云遮望眼，只缘身在最高层”。喜欢你的大气与坦荡无私。作为班长，你用自己的精气神感动了八班，感染了一批人！八班因你而美丽，我因你而轻松，谢谢你！外修行内修身，你一边在奉献着，一边在追求着，你真诚的付出也换来了不菲的收获，物理成绩年级第一名、总分班级前五名都是证明。学会调节自己的情绪与心态，学会创新与严谨，相信你会有更出色的表现！

让学生自己、同学、老师、家长参与评语撰写具有以下好处。

一是让学生对自己一学期的成长历程进行回顾，起到自我反思、自我批评的作用。同时，学生的自我评价，让我对学生的心态一目了然，接下来的谈心工作更具针对性。

二是让学生了解别人眼中的自己。那些不经意的细节，别人是如此在意。学生可能会发现，原来自己有那么多闪光点。

三是学生可以从父母和老师的字里行间感受到浓浓的亲情和殷殷的嘱托，激励自己努力前行。

老师们，请记住：写评语，本身就是一个绝佳的教育过程。

>>> 程璐　湖北省武汉市江夏区第一初级中学

第四辑

打造有精神的班级

“老班”带头，班风不愁

新学期，我接手了一个全校出名的“乱班”。这个班纪律差，时常发生打架斗殴事件；卫生经常受到学校的通报批评；学习成绩排在全年级倒数第一。

俗话说“新官上任三把火”，为了扭转班风班貌，上任之初，我大刀阔斧地采取了一系列管理措施。没想到，风风火火地干了两个多月，不但班风不见好转，问题反而愈演愈烈。我这个自认为久经沙场、经验老到的班主任一时黔驴技穷。一天，八十多岁的老母亲得了重感冒，我陪她去医院打点滴，整整一夜没合眼。第二天上班后，我趴在办公桌上打了个盹儿。一觉醒来，上课铃已经响过了。

这节课，我迟到了 5 分钟，我深感自责。按班规，任何人迟到都要写说明书，老师也不例外，这是我向全体学生承诺过的。我想，如果我能主动认错并承担责任，学生就会跟我学，尤其在整顿班风未见成效的关键时期，我的示范作用说不定能“四两拨千斤”呢！

于是，我写好说明书，并准备把它贴在教室的墙上。

班长知道后劝我：“夏老师，您迟到的事我知道，昨天夜里是我爸爸给您妈妈看的病，这事不能全怪您！”学生闻讯都来劝我：“老师，事出有因，情有可原，您就别写了。”体育委员跳起来说：“如果是咱班同学违反了纪律，当然要写说明书，可您是我们的班主任呀！”

“正因为我是班主任，所以要以身作则！”我的话掷地有声，铿锵有力……接着，我把说明书端端正正地贴在了教室里。

亲爱的同学们：

大家好！

今天上课，我迟到了，耽误了大家的学习，真诚地向大家说一声：对不起！

可能有的同学认为，才迟到5分钟，用不着小题大做。可我认为，这不是小问题，而是涉及时间观念、遵守纪律的大问题。

可能有的同学说，您是班主任。言外之意，可以不遵守纪律。我们常说，“纪律面前人人平等”。作为班主任的我，更应该带头遵守纪律，违反了就要承担责任。

夏慧敏

学生纷纷围拢上来，争相阅读我的说明书。

班上的“违纪大王”小平读着我的说明书，感动得眼含热泪。他疾步走上讲台对同学们大声说：“以前我总违纪，叫老师操心。从今以后，不光是我，大家都要好好遵守纪律！”全体学生群情激昂、异口同声地说：“对，今后一定遵守纪律！”

我的这一举动，触动了学生的心灵，给大家上了一堂生动的守纪教育课。

从那以后，我更加自觉地带头遵守班级纪律，凡是要求学生做的，自己首先做到；凡是禁止学生做的，自己首先不做。再加上采取了一系列整治班风的措施，渐渐地，班风班纪有了明显改善。

学生认识水平的提高，很大程度上依靠自我教育。班主任发现自己有违反纪律的行为，要大胆承认，勇于担责。这种身教所起的作用，比老师的句句叮嘱、谆谆教诲，甚至高悬达摩克利斯之剑，不知道要大多少倍！

>>> 夏慧敏　山东省滨州市邹平县第一实验小学

微公益，助推班级成长

那年 9 月，我接手了一个新班。这是一个违纪情况时有发生，学生整体缺乏学习积极性的班级。

刚接班时，为了增强班级凝聚力和培养学生良好的行为习惯，我与当地社会微公益组织萤火虫建立联系，聘请萤火虫志愿者做班级辅导员，让全班学生加入公益组织成为小志愿者，并积极参加社会微公益活动。

到学期末，我班共参与公益活动 8 次，被各种媒体平台报道 8 次，师生接受采访 12 人次。在学校常规考核方面，我班 4 次获得学校“五星班级”称号；全体学生普遍重视学科学习，各科成绩均达到优秀等级。任课教师普遍反映我班凝聚力强，学生行为习惯良好，学习风气较浓，班干部能力强，有进取心，起到很好的带头作用。

这充分表明，组织学生参加微公益活动对新组建班级形成良好的班风、学风和增强凝聚力具有重要作用。

一、来自社会和学校的评价能起“社会期待”作用

心理学认为，社会期待是指社会或群体根据个体所处的社会地位及其所承担的社会角色所提出的希望或要求。它反映的是社会公认的价值标准或行为规范，对个体而言构成一种社会压力，并成为个体的行为动机。在社会期待的作用下，我班学生普遍具有强烈的集体认同感，班级凝聚力在短时间内得到明显提升，绝大多数学生能够严格遵守学校的各项常规要求，自觉维护班级得之不易的荣誉和利益。同时，班干部、优秀学生能够更加

自觉地帮助和带动自我控制能力较差的同学，督促他们遵守班级要求；自我控制能力较差的学生也能够为了班级的整体利益而抑制个人的错误行为，力争获得群体的认同。事实上，集体的整体表现越佳，收获的积极评价越多，越能彰显社会期待的作用，也越能影响集体中学生个体的成长。

二、组织学生参加社会微公益活动符合心理学“社会促进”效应

心理学将“社会促进”定义为由于他人在场而导致个体作业水平提高的现象。在公益活动中，学生处于公众视野和社会监督下，需要时刻保持良好的形象以获得积极评价。尤其是自我控制能力较差的学生，在公益团体志愿者和优秀生的影响下，出现了更多向上、向善的自我意识和行为，意志力得到提高。反映在平时的学习生活上，他们能够自觉维护班级荣誉，遵守课堂纪律，完成学习任务。“社会促进”效应发生作用的机制是：别人的工作表现和动作可以转换为自己的外界刺激，从而引起自己同样的或相似的心理反应和动作表现。通过多次参加社会微公益活动，我班学生能更好地适应学校常规管理，自我管理能力和集体荣誉感得到提升。

许多班主任担心学生参加课外社会实践或者公益活动影响学生的学习成绩而不敢为，担心组织活动难度大和学生安全问题而不想为。实践证明，社会微公益活动可以对新集体中个体的心理和行为产生凝聚作用，增强集体的向心力，有助于集体树立明确的学习目标，形成良好的学习风气；有助于培养学生良好的行为规范，形成守纪、进取、勤奋的班风；有助于学生个体在良好班风、学风的熏陶下健康成长。积极组织学生参加社会微公益活动以及其他社会实践活动，对新组建班级的良性发展具有重要的促进作用。

>>> 万红刚　江苏省扬州市宝应县实验初级中学

期末叙事：让学生自我觉醒

期末叙事是指在一个学期即将结束时，班级师生聚集在一起，讲述一个学期以来班级和自己的故事。这些故事是班级文化的一部分，在一个共同体中重新勾连起来，引导每个孩子认识到自己生命的独特性，激发自身潜能，寻找前进的方向，让生命自由舒展。

我们班的期末叙事主要包括两个环节——课程回顾和颁奖庆典。

一、课程回顾

按照时间顺序，我将本学期班级发生的大事进行梳理，将重点主题活动照片按照校园志愿课程、社会拓展课程、艺术体育类课程、系列班会课程、八大领域课程等五个大类整理好。

课程是师生在学校学习生活的主要载体，学生在参与这些课程的过程中得到了发展，收获了成长。我用 PPT 展示相关照片，呈现出一个学期里我们走过的路，品尝过的成长的快乐和失败的苦涩等，旨在让学生在回忆中感受生命奋进的力量，强化班级共同的价值观。

二、颁奖庆典

这个环节旨在通过讲述学生自己的班级故事，肯定学生取得的成绩，为学生指明努力的方向，向学生传递老师的期望。

选取每个学生的颁奖照片是一项非常辛苦的工作，需要从一学期拍摄的几万张照片中将每个学生的照片挑出来，再根据照片的内容和阐释的角度进行筛选，全面立体地展示一个学生在一个学期中的变化。学生看到这些照片时纷纷惊呼："老师从哪里搞到这么多照片？"

下面以几个学生为例予以说明。

1. 超越型

小菲同学属于超越型。她在班会课程和校园志愿课程中，表现得越来越出色，也找到了学习的乐趣，完成了蜕变。"蜕变奖"是对她刻苦努力的充分肯定，"最具学霸潜质奖"是对她未来的期许。

我写给她的颁奖词是："如果找一个动词来概括你在这个学期的表现，我想那个词就是'超越'：你用最短的时间找到了适合自己的学习方法；你用严格的自我管理成为我们学习的榜样；你用非同寻常的勤奋带动了整个班级的学习氛围。你教会了我们在不断超越中成长，立志超越现在的自己。加油，小菲！"

2. 深度思考型

我为小金同学量身定做的颁奖词，许多隐喻只有我和她两人知道。两次家访，无数次促膝谈心，只有她能够懂得其中深层的含义。她对生活的深入思考，对未来的迷茫，对学习到底是为了什么的苦苦追寻，以及对自由的渴望，别人又怎能懂呢？

在颁奖词中，我告诉她："我明白潜伏在你身体里的巨大能量，而你又对自己有怎样的期待呢？"目的是让她去寻找自我。每一个杰出人物都要经历一个寻找自我的过程，因为只有找到了自我，找到了自己内心的渴望，才能点燃自己，照亮世界。

3. 社交活跃型

小琛同学勇于奉献，多才多艺，积极进取，对新鲜事物充满了好奇，被评为“最具勇气奖”和“班级奉献奖”。

我写给小琛同学的颁奖词是：“当你讲述各种有意思的事把全班逗乐的时候，我们知道你腼腆的脸上透着愉悦，正是因为你的幽默，班级才有了如此多的笑声；你一次次把班级积攒的塑料瓶卖给晏师傅，因为有你为班级默默奉献，才有了如此明亮的教室；你的文章变成铅字刊印在《北京日报》上，因为有了你的引领，班级的作品集得以诞生。因为有你，‘翼舟班’变得更加优秀。希望你在这个卓越的班集体中，不断地磨砺自己，超越自己，加油！”

领奖时，小琛说：“人生就像在茫茫大海上航行，仿佛没有尽头，可就在那海天一线处，又若隐若现地向我们透露着另一个世界，让我们把一生都交给海吧，交给远方，鼓起勇气向前，向前！”

真正有效的教育应该走进学生的内心，让他们在灵魂深处实现自我觉醒。期末叙事尽可能真实地还原过去的情境，学生沉浸其中，就会触动灵魂，生发感动，实现由内而外的自我觉醒。

>>> 许传强　北京市丰台区第二中学

让文化在教室环境建设中生长

教室环境在班级文化建设中有独特的作用。

一、教室环境建设是班级文化建设的起点和源头

很多年轻班主任向我打听班级文化建设的途径，我告诉他们，请先从你的教室环境建设开始，这是班级文化建设的起点和源头。如果不从这里开始，班级文化建设就会变成一句空话，成为无源之水、无本之木。

一次，一位大学毕业不久的初一班主任请我对他所带的班进行诊断。他说，这个班实在带不下去了。上课纪律乱成一锅粥，老师在上面讲课，学生在下面“开会”。班干部不管事，形同虚设。学生集体荣誉感弱，班级每周在学校常规评比中都被扣分，是全校最乱的一个班。

我走进教室，只见地面上都是痰渍、纸屑、灰尘，污浊不堪，本应摆放打扫工具的卫生角成了垃圾场。时值夏天，学生丢弃的食品袋引来无数蚊蝇，散发出难闻的气味。紧靠卫生角坐的两个学生“生存环境”如此恶劣，真不知道他们每天是怎么熬过来的。

课桌摆放杂乱无章，我在教室里穿行，找不到一条完整的过道。一名女生的课桌上堆满了书本，要想将这张课桌移动一下都得小心翼翼，动作稍微大一点儿满桌的书本就会纷纷落地。我以为是抽屉里放不下才堆放在课桌上的，谁知打开抽屉，里面除了零食，就是垃圾。

再观察学生，一个个非常浮躁，出口便呛人，举手投足间带着戾气。

我抬头再看这位年轻班主任，发现他不修边幅，言谈举止也大大咧

咧。回到办公室，我跟这位年轻班主任说，卫生虽是小事，但关乎精神，关乎素养。

教室里某处有几片瓜子壳，如果没有人去清扫，那么不出两个小时，教室里就会满地垃圾。某个学生的座位下有一张纸片，如果没有人去捡拾，那么几节课后，教室里就会遍地纸片。班里有一个人讲脏话，如果没有人制止，那么紧跟着会有很多人学会讲脏话。当这些泛滥开来的时候，整个班级的精神脊梁就会坍塌，导致班风、学风萎靡，班级秩序混乱。

我坦率地指出，学生的浮躁其实都是受了他的暗示和引导。

他一脸无辜的样子："这跟我有什么关系？"

我很真诚地说："因为你自己很浮躁，像你现在这种工作状态，还不适合当班主任。"

我给这个班级开的第一个处方是——净化教室。

于是，全班学生一齐动手，将所有课桌椅搬到教室外，把教室彻底冲洗一遍。每个学生都对自己的课桌抽屉进行整理，将所有垃圾清理干净，把书本收进抽屉。规范课桌摆放，要求横、竖成线。清理了一个下午，学生再坐进教室的时候，脸上的神情明显不同了。

二、教室环境文化建设的目标

加强教室环境文化建设，要实现三个目标。

1. 净化

这是初级目标。一间干净整洁的教室，有利于培养学生的文明素养和信心。

大家都有这样的体验：走进一间教室，如果地面干干净净，课桌摆放整整齐齐，心理上就会有一种舒服的感觉。人们自然会认为这个班级管理有序，甚至在尚未谋面的情况下，认定这是一位优秀班主任带的班。相反，如果走进一间教室，看到满地狼藉，桌椅物品摆放杂乱无章，那么你一定会认为这个班的班主任“不怎么样”。

有一年，我所带班级教室正好在一楼，我对学生提出的要求是每周冲洗一次教室。我在办公室里准备了一个大水桶和一个小水桶，大水桶盛水，小水桶提水。课间休息时学生按顺序轮流提水，等放学时大水桶已经蓄满了水。冲洗教室开始，一声令下，全班学生将座位搬开，几分钟就可以将教室冲洗得干干净净。之后，由于所带班级教室不在一楼了，所以改冲洗为拖地。

任课老师们都说，一走进我们班，心情就特别舒畅，地面干干净净，没有灰尘，没有任何纸屑，学生课桌上的书本整整齐齐，卫生角的劳动工具丝毫不乱。学生在这样的环境里上课都特别专心，那些上课三心二意的学生，会心怀愧疚。

我经常对学生说，一个在生活小节上不能自律的学生，在纪律上也不可能自律。我们应该从卫生入手，一点点儿培养自己的自律意识。当学生的自律意识向学习方向迁移的时候，班级的违纪问题会大为减少。

2.“文化”化

教室环境布置应该有鲜明的主题，而不能漫无目的地弄一些图片和文字装饰。无主题的装饰虽然从表面上实现了美化效果，但因为缺少了内涵，不仅不是班级“物质文化”，反而是“文化垃圾”。

这些年来，在带班的过程中，我形成了自己的教育理念——培养能够创造自己作品的人。

对学生而言，他们的作品可能是通过自己的努力解出了一道数学题，写的作文被语文老师拿到班上作为范文诵读，在学校里的某个行为得到了老师的表扬。我在班级管理中，将发现学生创造的作品以及帮助学生完成作品作为很重要的工作。我想通过这种方式，使学生对自己充满信心，对成功满怀期待。

我的班级物质文化建设，都是围绕“展示学生的作品”这个主题进行的。

比如，教室的墙角有些空当，我发出号召：谁愿意想办法使这个位置生动起来？过了几天，小杨在后面的空当处装了一个三角形支架，放上一盆吊兰，绿意葱茏，赏心悦目。我将一张小纸条贴在支架上——“制作人：小杨”。

小兮在前面的空当处放上了一张桌子，英语老师上课时可以放录音机。我也贴上纸条——“制作人：小兮”。

教室后墙黑板的两边有一些空白，我发出号召：谁来使这面墙壁“会说话”？小欢、小彦买来一些彩纸、气球等，办了一个班级文化宣传刊。我给它贴上标签——“主编：小欢、小彦”。

教室里的其他空白处，也被充分利用起来展示学生的作品。比如，“校园诗人”小浩的诗歌、“金牌主持”小娇在校园艺术节上的照片、“小书法家”小晋的书法作品、“钢琴王子”的演出照片，等等。这些作品专栏一个月更换一次，给学生带来了“甜蜜蜜”“暖洋洋”的心理感受，让他们在学习中信心倍增，精神振奋。

3. “教育”化

班级物质文化建设要注重教育职能，教室的环境建设要能够唤起一种精神。

窗台上摆放的吊兰，是萎靡不振，还是郁郁葱葱？萎靡不振带给人的是慵懒；郁郁葱葱带给人的是精神的愉悦和放松。

教室里清扫工具的摆放，是横七竖八，还是井然有序？横七竖八暗示这是一个可以随便破坏的环境，因此学生可以将食品袋丢在这个角落里；井然有序则暗示这是一个讲文明的环境，乱丢垃圾是不文明的行为。

课桌排列，是参差不齐，还是整齐划一？参差不齐告诉学生这是一个要求不严的班级；整齐划一告诉学生这是一个要求严格的班级，任何人都不可以任性乱为。

课桌抽屉是用来存放零食和食品袋，还是用来存放书本？用来存放零食和食品袋说明这是一个小垃圾池；用来存放书本说明课桌是文化的物件。

黑板报设计是用来应付学校的任务，还是用来教育学生？用来应付学校的任务不需要什么教育内容，布置出来就可以了；用来教育学生则需要有德育内涵，马虎不得。

选择名言警句是单纯为了装饰教室，还是为了引导和暗示学生？为了装饰教室不需要进行选择，只要是名人名言就行；为了引导和暗示学生必须进行选择，应符合班级文化的建设思路。

张贴的班级口号与班级建设目标有没有关系？如果没有任何关系，那么学生每天从它的面前经过就会视而不见；如果它代表班级目标，那么学生每天看一遍就会有动力，知道自己应该怎样努力。

张贴的班级制度是用来应付学校检查评比的，还是真正具有执行力的制度？用来应付学校检查评比的制度与学生无关，学生当然不会自觉约束自己的言行；有执行力的制度，学生会自觉约束自己的言行。

墙壁上的展示栏，是为了检查更新，还是为了班级文化建设更新？为了检查更新，展示就会漫无目的；为了班级文化建设更新，展示就要体现序列性和针对性。

这里面的区别，就是“做文化”和“建设文化”的区别。

>>> 刘令军　湖南省宁乡市煤城中学

班级提示语：学生健康成长的指向标

在班级管理中，我尝试运用征集、践行班级提示语的方法对学生进行教育，取得了不错的效果。

开学初，我面向全班征集班级提示语，内容涉及学习、生活、日常行为、励志等方面，形式不限，可以是温馨、幽默、有哲理的话语，也可以采用图文并茂的形式。在第二周的班会课上，以小组为单位进行展示、评比，并根据获奖作品的多少评出优秀小组，颁发奖状，对创意最好的学生授予“创意小明星”称号。

活动得到学生的积极响应，各个小组长积极筹划，组员团结合作、出谋划策，通过查找参考书、上网查阅资料等方式收集和创作提示语。最后，全班共收到提示语140多条。这些提示语语言精妙，内涵丰富，超出了我的预期。经过全体学生认真讨论和筛选，评选出5条班级主提示语：

举起手，说出口。

此刻打盹，你将做梦；此刻学习，你将圆梦。

不比智力比努力，不比起点比进步。

入室即坐，入座即学。

脏话出口，污染别人耳朵，丢掉你的人格。

我将班级主提示语装裱入框，挂在教室前后黑板两侧，将其余提示语分门别类按月进行展示。

确定提示语后，我从以下方面入手，发挥提示语的规范、引领作用。

一、将提示语转化为班规，规范学生的言行

以往的班规充斥着“不准”“禁止”等字样，学生容易产生逆反心理。“入室即坐，入座即学”“文明的教室，怕你吵”“同学之间，礼貌为先”“脏话出口，污染别人耳朵，丢掉你的人格”“摆高手臂，亮出风采”“放开喉咙，喊出自信”等提示语，更加含蓄，有内涵。

为了让班级提示语真正深入学生心中，让大家自觉规范言行，我在班上开展了承诺践行提示语活动，每天请一名学生展示自己创作的提示语，到讲台上大声承诺“我的提示语我遵守”。此后，当老师用学生自己创作的提示语教育、约束学生时，学生普遍容易接受，减少了抵触情绪。比如，一名比较浮躁的学生在班上大声承诺了“入室即坐，入座即学”后，任课教师普遍反映他的课堂表现确实大有改观。

二、将提示语转化为学生正确行为的指向标

当学生犯了小错误必须批评时，我会因势利导让学生主动“认领”违反了那条提示语，和他一起分析错在什么地方，应该如何改正。比如，一名男生在楼道冲撞了同学，还满不在乎。第二天晨会上，在全体同学面前，他主动“认领”违反了“每一个男生都应该是绅士，每一个女生都应该是淑女”“干净、安静、尊敬，我都行”两条提示语。在日常教育工作中，提示语不同于那些令学生厌烦的唠叨、数落、批评，能够给予学生暗示和引导，孩子往往心领神会、乐于接受，教育的实效性得到明显提高。

三、将提示语作为班级文化建设的重要内容

我将符合学生成长需要、内涵丰富、易于被学生接受的优秀提示语按学习、纪律、精神风貌、励志、为人处世等门类加以整理。通过张贴宣传、学生解读、榜样示范、日记摘抄、撰写感想等多种方式，使其成为班

级独有的文化建设载体。这些提示语潜移默化地引领、规范学生的一言一行，激发学生的集体荣誉感，增强了他们的责任意识。

通过征集、践行班级提示语，学生自我教育、自我管理的能力得到提高，良好的班风逐渐形成。这些温馨的话语、含蓄的提醒、励志的格言成为学生健康成长的指针。

>>> 张文英　北京市密云区第七中学

用“三个本子”带好班

在班级管理中，我充分发挥“谈心本”“荣誉本”“传递本”的作用，加强师生之间、生生之间、家校之间的有效沟通，提高学生的思想素养，建设积极健康的班集体，取得了较好效果。

一、用“谈心本”记录师生谈话内容

师生谈话后，我让学生用文字的形式将谈话内容记录在“谈心本”上，在记录的过程中反刍教育过程，体会教师的良苦用心。现节选两段学生的文字。

喻老师对我说，小熹同学，你最近状态不好，心理浮躁，学习上还有较大的进步空间。

老师，请放心，我会努力的！

和老师谈话的时间不长，自己的一点点儿进步都让老师如此高兴，真是感激涕零呀！

“谈心本”上的文字没有硬性要求，行文不拘，字数不限。

二、用“荣誉本”记录学生取得的成绩

在班级管理中，我班专设一个“荣誉本”，记录学生取得的成绩，包

括课堂发言受到表扬，及时完成作业，拾金不昧，见义勇为，工作出色等，并配上相应的照片。每周评定一次，按照拟定的等级（主要以对班级的贡献大小为标准），分别对学生记一等功、二等功、三等功（分为集体和个人），记录在“荣誉本”上。班主任及时通过校讯通平台，将相关信息发给所有家长。有的家长甚至喜极而泣，打来感谢电话，讲述自己教育孩子的故事，主动与老师沟通。

通过“荣誉本”，我可以清晰地看见学生成长的轨迹。学生违纪时，我让他翻阅“荣誉本”，回忆过去的“辉煌”，对比当下的不足，激励其积极进取。

三、用“传递本”营造和谐融洽的班级氛围

我让学生按学号把个人思想记录在“传递本”上，旨在引导学生发现平凡生活中的精彩点滴，用心感悟身边的人和事。师生用朴实无华的文字叙写真情，传递彼此之间的信任、理解等，共同记下班级发展的轨迹。一个班级毕业后，再把它传递给下一届的学生继续使用。

以下摘录班级“传递本”中三段文字。

以前见了同学打个招呼或者笑一下就走开了，现在发现，原来大家的情感是如此丰富和细腻。生活在这个班集体我感到很快乐。

——小影

这是最后一次在这个本子上留下文字。我早已习惯了这个集体，有点儿矛盾的赶快一笑泯恩仇吧。感谢老师们真诚的付出，感谢在一起奋斗许久的兄弟姐妹。诚如老师所言，不必怀念什么，因为前面还有更多的精彩！加油，五班！

——小然

那微笑的面容，那犀利的眼神，那睥睨一切的气势，无一不在传

达出这个真汉子的真性情！扛在他肩上的不是扫把，而是一把快刀，只需他一个华美转身，立马斩掉所有的垃圾废品、“妖魔鬼怪”。

——喻老师为一个认真打扫卫生的男生写的评语

“传递本”具有以下作用：一是形成正确的班级舆论导向，引领学生前行；二是及时化解学生之间的矛盾；三是引导下一届学生尽快熟悉新的学校生活。

>>> 喻翼　重庆市实验中学

中途接班，“三招”营造好班风

中途接任班主任，一开始有些紧张，因为据说该班班风非常不好。但想想过去 17 年自己的多次接班经历，便调整心态投入了工作。

回顾我重塑班风的实践，以下“三招”至为关键。

第一招：明察暗访，以静制动

在学生报到前，我从原班主任和科任老师处大致了解到这个班的“底细”，并查看学生档案，特别关注了那几位“大名鼎鼎”的学生的家庭背景、爱好特长、学习成绩等信息。我特意对着照片认记学生的名字，因此当我在苏州火车站接学生时，才一见面，我就能直呼很多学生的名字。这让他们又惊又喜，很快拉近了师生关系。

开学头两周，面对班级的脏乱差，我不急着整治，因为只有先找准病因，才能对症下药；只有让学生亲其师，他们才会信其道。所以我静心上好每一堂课，努力让学生喜欢上我的课堂；同时我多走近学生，用心观察，用笔悄悄记录班级风气不佳的实况和学生的具体问题，也记录班级中值得表扬的人和事。利用这些明察暗访到的客观事实，我用心做好第一次班主任讲话，分享我带班的辉煌史，给学生以信心；表扬我明察到的好人好事，树立班级正气；针对我看到的不佳班风现象，描绘我所期待的班级风貌，指明班级发展方向。

当我以极快的速度摸清了班风不良的状况时，当学生对新班主任产生好感、对新学期产生期待时，接下来就可以顺势而为、运筹帷幄了。

第二招：顺势利导，构建愿景

班级的健康发展，需要共同愿景的引领。我和学生一起策划召开了“三班，我来了”“我所期待的班级”“我能为班级做什么”“自主管理，你行吗”等系列建设班风的主题班会，通过呈现班情、畅谈感受、找到问题、共商对策，描绘班级的美好蓝图——让每一位任课老师上课愉悦，让每一个学生考上理想的学校。

班级愿景的实现，需要每一个学生的努力。为了增强学生的班级主人翁意识，我采用“班长选班委，一个班委配两个干事”的方式，建立“轮流值周竞赛”制度，让每一个学生都有机会参与班级管理，以此锻炼和提升自己。

班委和干事全面负责班级的学习、纪律、卫生等日常工作，并做好值周周志，对自主管理情况及时进行记载、反馈和总结。在值周换班时，主管班委从“吐槽栏目”“点赞频道”“温馨空间”三个方面对班级情况公开做小结。

为了激发学生实现愿景的热情和斗志，我还特别设计了一个类似于“超级演说家”的励志演讲环节，让他们为自己加油。这些内容通过微信平台同步在家长群直播，让身在异地的学生家长也能够一起关注学生成长和班级建设，形成家校合力。

第三招：以心换心，重点突破

良好班风的塑造不可能一蹴而就，更需要班主任的耐心和爱心，要通过严抓不懈来规范学生的行为，以心换心，感化学生。

在解决了班级的普遍问题后，班主任教育的重点、难点在于对个别学生的教育引导和行为矫正。面对学生的违纪行为，我一般采取平心静气地与学生交谈的方法，先让学生还原事实，帮其分析做法之利弊，引导学生自我反省，再提出改进措施。行为问题多的学生尤其需要班主任关注、跟踪。我给问题较多的学生每人建立一个成长档案，每次违纪和点滴进步都有记录，注明事件和时间等，并让其签上名字。运用“书面承诺”的方法，教育学生重承诺、守信约，以此约束学生的行为。

>>> 范芝芝　浙江省宁波中学

引导学生过丰富而有意义的假期生活

为了丰富学生的假期生活，加强亲子沟通，促进学生和家长共同成长，我所带的班开展了“你好，寒假”作业实践与研究活动。

学生、家长和老师共同策划了“5+X”寒假作业模式。为了巩固活动效果，新学期开学初，我们开展了假期作业展示和评价工作。

一、共同策划“5+X”寒假作业模式

对寒假作业，多方共同策划。

1. 学生组成策划团队

寒期前，我召开第一次寒假作业策划会，鼓励每个学生畅想寒假生活。在此基础上，学生根据自己的兴趣爱好和寒假生活目标结成策划小组，利用集体的智慧设计适合自己的寒假作业。

经过小组共同讨论与研究，学生提出了6项寒假作业，包括义卖实践活动、我的旅行日记、年货调查、读书交流活动、健康新年及科技制作。这些作业的内容、形式突破了传统的以完成学科作业为主的假期作业模式。

2. 家长参与作业策划

12 月，我组织班级家委会成员开会研讨。家长们肯定了新的寒假作业计划，并提出了许多改进建议。增加了适合四年级学生的有利于提升综合实践能力和素养的内容，如新年网络祝福、调查实践等多种小团队活动。同时，我在班级群里与其他家长分享了寒假作业研讨成果。

接着，我又组织学生召开了第二次寒假作业策划会，就家长提出的改进建议进行讨论，使寒假作业从 6 项变为 10 项，学生开始主动申请担任活动项目的召集人。

3. 任课老师倾力相助

为了实现融合学科知识和提升学生综合能力的目标，我与任课老师进行了多次协商和研究。语文、数学、英语老师提出相关的学科目标等；音乐、体育、美术、书法老师提出有创意的活动并对活动给予支持。寒假作业从单独的活动项目上升到以发展学生核心素养为目标的活动课程，分为理财、创意、阅读、运动和实践探索 5 大培养模块、12 大类（见表 1）。其中，理财模块重点培养学生策划、管理、清算、协调的能力；创意模块重点让孩子感受传统新年文化；阅读、运动和实践探索模块以活动为载体培养学生自主阅读、运动和探索的习惯。

表 1　寒假作业基本框架表

培养模块	活动类别		
培养理财意识	义卖活动	年货调查活动	压岁钱管理
培养创意能力	快乐新年（包含 3 个小项）	我学做家务	科学小制作
培养阅读习惯	“我爱读书”小团队活动	图书馆读书活动	
培养运动习惯	“我爱运动”登山活动	“我爱跳长绳”活动	
培养实践探索能力	我的旅行日记	“欢乐新年”摄影	

4. 班主任整合与协调

在寒假作业策划过程中，班主任承担着组织者和引导者的角色，需要整合各类建议，协调创意与现实的矛盾。在第三次寒假作业策划会上，学生对新的寒假作业计划提出了建议。

有的学生认为，寒假里，我们会度过两个传统节日——春节和元宵节。这是与亲人相聚的时间，纷繁的实践活动可能会成为负担。这样的建议获得了大家的认可。于是，经过协商和研讨，大家决定每个学生自主选择 5 个项目，其余项目由学生根据自己的能力和兴趣自由选择。由此形成“5+X”寒假作业模式，“X”代表学生自选的项目，可以是两项、三项或多项。这样既能体现学生的自主意识，又能保证基本的作业要求。

师生经过共同商讨，确定“5+X”寒假作业模式的每个项目都有相应的作业要求，只有符合作业要求才能达标。如“年货调查活动”需要有调查活动记录、照片或视频，并上交一份“年货清单”；“我的旅行日记”要求有旅行记录，照片和文字相结合，也可以用视频或 PPT 呈现。

最后，师生共同设计了几个主题式活动，如跳长绳、新年祝福和读书活动等，并为学有余力的学生准备了一个“自主创意”项目，鼓励学生根据实际情况创新假期活动，拓展活动形式、内容和空间。

二、寒假作业的实践和探索

作业布置下去后，学生积极探索，家长也全力协助、配合。

1. 运用互联网进行家校合作

互联网为我们提供了各种便利，我们可以充分利用互联网进行家校合作。

（1）亲子论坛有创意

假期，我们开设了亲子论坛、生活资源分享和网上读书会。其中，亲子论坛引导家长和孩子根据一个主题或问题进行线下交流，然后把自己的观点和论据呈现给大家，在观点碰撞中拓展思维。比如，讨论“为小雪准备什么新年礼物”，共有27对亲子提出了真诚的建议。又如，组织大家针对“八达岭野生动物园老虎伤人事件”讨论“如何遵守公共秩序”，提醒家长和学生增强规则意识。

（2）网络微课有实效

为了带动更多的家长参与寒假作业研究，“种子家长”组织共享网络资源、网上研讨、网络微课等活动。其中，网络微课最受家长欢迎。“种子家长”在微信群开设网络微课，指导如何上传照片和视频，如何制作高质量的PPT和美篇，如何剪辑视频和拼图、美化等，让更多家长学会利用互联网分享资源，指导孩子的实践活动。

经过线上交流、线下研讨，促进孩子、家长共同成长。

2. 组成小团队，合作完成寒假作业

在寒假活动中，越来越多的学生自主结成小团队，形成积极向上的氛围。学生在与同伴交往的过程中提高了各种能力，如与人交往的技能、与人合作的能力、领导力等。

（1）自主组成小团队

由于组织活动比较方便等原因，同一个社区的小伙伴往往容易组成小团队。如某个小区的三个小伙伴结成“欢乐三人行”团队，一起参观、读书、看电影，组织徒步等多种活动。有相同爱好的小伙伴也会主动结成团队。如六个女孩组成“闺蜜团”，一起旅行、跳舞、画壁画和跳长绳，享受丰富的假期生活。三个热爱跆拳道的男孩组成“校园三剑客”团队，经

常一起参加训练和比赛，成为情投意合的好兄弟。

（2）成立综合型学习团队

学习团队最初只是一起绘画和制作等。后在家长的指导和帮助下，成立了绘画小组、乒乓球小队、英语学习小队、舞蹈特色团队和趣味数学小组。其中，“英语外教沙龙”每周定期举办活动，深受学生欢迎。

3. 组织主题活动，提升寒假作业质量

为了提升寒假作业的质量，学生、家长策划和组织了多项主题活动。

（1）长绳串起健康年

假期中，学生通过跳长绳结交新朋友，组成跳长绳小团队；大人、小孩一起跳长绳，享受难得的欢聚时光，拉近了亲子关系。假期里每个学生都多次组织跳长绳活动，把健康观念传递给更多的人。

（2）创意祝福送到家

中国人的新年是最隆重、最热闹的。每个学生都自己创作了新年祝福视频。有的学生从遥远的老家送来具有民俗特色的祝福；有的学生用音乐、歌声、福字和春联为大家送来祝福。学生通过网络展现了不同地区的春节风俗，比如，江南的美味春卷、东北热腾腾的饺子、南方的春色、陕北的雪景，等等。

（3）线上线下读书会

读书是我们班学生共同的爱好，也是每个假期的保留项目。今年寒假，我们开展了好书分享、每天一小时读书计划、网上读书会活动。学生把假期中读到的好书通过网络与大家分享，既可以是图片、文字，也可以是语音、视频等。网络读书会，不仅激发了学生读书的热情，也把家长带

进了读书活动中。

（4）实践调查活动

学生结伴走进社区，调查社区环境、垃圾分类等，对社区工作提出改进建议；走进商场，调查年货价格、来源和质量等，制作了“年货清单”；走进工厂，感受现代技术在企业中的运用，采访工人，了解产品设计、制作过程，还写成实践日记分享给同学。

在家长的帮助和指导下，学生的调查活动内容越来越丰富，他们还参观了袜厂、灯彩制作坊和电脑刺绣厂等。有的家长还带孩子一起到人才市场“找工作”，体验真实生活。

实践调查活动拓宽了学生的思维，丰富了学生的寒假生活。许多学生学会了用拼图、视频、表格、美篇等形式记录寒假作业，利用网络交作业，在微信群和朋友圈分享寒假作业和感受，给予同伴积极的评价。

三、寒假作业评价多元化

学期初，我们开展寒假作业评价活动，通过“寒假快乐达人”项目、“炫酷芒果团”展示、“和乐好家长”评价，促进亲子共同成长。

1.“寒假快乐达人”项目

我对每个孩子的寒假自评表与寒假作业进行核对，全班32人都完成了5项基础作业，其中19个学生完成了10项或10项以上作业。这充分说明学生对以实践活动为主的寒假作业的喜爱。

为了对寒假作业进行公平、公正的评价，在个人展示前，全班共同商定了评价规则。首先，要求每个学生自然、流畅地总结寒假生活及收获，可以讲述其中一次有意义的活动，展示的文字和图片要有美感。其次，获得全班90%以上的同学认可，才能评为优秀。大家制定了评价标准（见表

2）。最终，16 个学生获得“寒假快乐达人”称号。

表 2　“寒假快乐达人”评价标准

<table>
<tr><th>奖项</th><th>升级评价标准</th><th>备注</th></tr>
<tr><td rowspan="5">寒假快乐达人</td><td>1. 根据寒假计划，自选完成 5 项以上活动，多完成一项有加分</td><td rowspan="5">认真完成每一项活动并有材料呈现是进行评价的前提</td></tr>
<tr><td>2. 学期初及时上交寒假作业及材料</td></tr>
<tr><td>3. 上交的寒假作业内容丰富精彩，能代表班级水准</td></tr>
<tr><td>4. 借助视频、PPT 等展示寒假里的独特收获和感悟，讲解流畅</td></tr>
<tr><td>5. 展示精彩，全班 90% 以上的同学给予优秀评价</td></tr>
</table>

我们坚持让每个学生全程参与评价，他们既是评价标准的制定者，又是严格的执行者。

2. “炫酷芒果团”展示

我们通过网络与学生、家长讨论并制定了“炫酷芒果团”评价标准（见表 3）。

表 3　“炫酷芒果团”评价标准

<table>
<tr><th>奖项</th><th>评价标准</th><th>备注</th></tr>
<tr><td rowspan="4">炫酷芒果团</td><td>1. 组织过 4 次以上活动，并记录时间、地点和活动内容</td><td rowspan="4">申报“炫酷芒果团”要有名称，有活动，有展示</td></tr>
<tr><td>2. 在团队自评和集体评价中都获得优秀</td></tr>
<tr><td>3. 借助图片、文字、视频或 PPT 等展示</td></tr>
<tr><td>4. 全班 90% 以上的同学给予优秀评价</td></tr>
</table>

申报“炫酷芒果团”的成员们有明确的分工，开场导入、活动介绍和总结等，每个成员都有展示的机会。最终，“校园三剑客”以精彩的展示、流畅的讲述赢得全班一致好评；“闺蜜团”以丰富多样的活动成果获得优

秀；“芒果快乐小队”以多项有创意的社会实践活动赢得大家的认可。这三个小团队获得“炫酷芒果团”称号。

3.“和乐好家长”评价

对家长进行评价有利于提升学生的假期生活质量，促进家长和学生共同成长。首先，引导学生按规定格式写“和乐好家长”申请书；接着，提醒他们客观地评价自己的家长，列出家长在假期中的具体表现。这是一个评价的过程，更是一个回味的过程，回味与父母度过的每一个美好时刻。

为了让学生感受到家人的关爱，我又组织学生进行深入交流，召开了“评评我的好家长”主题班会课，让学生说说自己的“和乐好家长”申请书，向全班讲述寒假中家人给予的关爱。为了郑重地进行“和乐好家长”评比，全班的申请书由校长签字并盖上了学校的公章，让这份申请书更具教育价值。

“你好，寒假”作业实践与研究活动为学生、家长创造了一个共同参与、共同成长的契机，让学生度过了一个快乐而丰富的假期。

>>> 费玲妹　浙江省海宁市桃园小学

用文字打造有精神的教室

小学高年级学生渴望被尊重，向往打动心灵的交流。我借助文字，走进学生、家长的心灵，引导学生借助笔端发现自我、认识自我、发展自我。

一、书信，帮助构建和谐的师生、生生、家校关系

中途接一个新班，班里有些学生和家长不太信任我。如何得到他们的认可，是我接班后面临的一大问题。

书信带给学生的影响是深远的。我想，何不通过书信与学生交流呢？

于是，我坚持每天记录学生的表现，并基于记录一至两周就给学生写一封信。在信中，我会提到所有孩子的名字，让学生感受到——老师能看到我的努力；让家长感受到——老师眼里有我的孩子。在信中，学生既看到了老师对自己的评价，也看到了老师对同伴的评价；家长既看到了自己孩子的进步，也看到了别的孩子的成长。

在信中，我还会讲别人的故事，告诉学生其中的道理；有时，我也会敞开心扉，与学生分享我的生活感悟，告诉他们我对人生的思考；当然，更会写一写我对学生下一阶段的期待……在不到两年的时间里，我给学生写了三十多封将近十万字的信。

慢慢地，学生也会通过书信和我交流。学生写给我的每一封信，我都会仔细阅读，深思熟虑后给他们及时答复。

通过这些书信，家长也看到了孩子的成长和进步，看到了我对学生的

真心付出。有家长写下这样的文字：“读了您的书信，我心中久久不能平静。从字里行间，我能感受到您的坚强，您对教育事业、对学生怀有深厚情感。谢谢您对孩子们的爱！”

文字克服了语言交流在时间和空间上的局限，使一发即逝的语言可以“传于异地，留于异时”。在我们班，书信成为多元沟通的纽带，使师生、生生、家校关系变得更加和谐。这种和谐的氛围不仅促进了学生的成长，也成就了老师的职业幸福。

二、班级传记，让我们发现班级生活的美

当我们用发现美的眼睛去观察生活时，生活回馈给我们的便是美的事物。我有意识地引导学生用发现美的眼睛去观察我们的班级，观察班级里的每一个人，并通过写班级传记的方式记录下来。

班级传记由学习委员负责，每天由一名学生图文并茂地记录班级生活中那些美好、有趣的人和事。每天，师生会共同朗诵这些充满真情实感的文字。

比如，《老师真的会魔法吗》一文记录了我带着学生感受科学魅力的一段旅程。

“孩子们，你们相信吗？马老师身上有一种神奇的魔力。我能够使力气小的人瞬间变成大力士，也能使大力士瞬间力量大减。”马老师神神秘秘地对我们说。

“不可能！不可能！”同学们一个劲地摇头。

“既然你们不信，那我就先找一个个子和力气都相对小一些的同学，争取让他成为大力士。”老师接着说，“小希，你来吧！”小希一蹦一跳地来到了讲台前。

“下面选一个大力士上来吧！”老师环视全班，说，“小巩是个肌肉男，肯定是个大力士！”小巩的确很结实。

“同学们，只要我略施魔法，小希的力气马上就长起来了。”老师拿起事先准备好的玫瑰花，冲着它吹了一口气，然后让小希用右手按着头顶。老师用玫瑰花在他的手背上轻轻点了三下，说：“小希马上就要成为大力士了。见证奇迹的时刻到了！你现在是不是觉得自己力气变大了呢？”

“嗯！是变大了！”我们听小希这么一说，都快笑岔气了。

同学们七嘴八舌：“不信，不信，马老师骗人！”

“反对迷信，崇尚科学！这句话还是马老师在语文课上亲自教给我们的呢！”

有趣的是，同学们嘴上说不信，可是都兴致勃勃地想要试试。大家都在猜测：马老师这葫芦里到底卖的是什么药呢？

马老师又拉起小巩的手，说：“小巩，我敢打赌，你无法把小希的手抬起来。”

小巩用力拍了一下手，大声说：“我就不——信——了！”只见他用手使劲攥着小希的手腕，拼命往上提。“啊——”他涨红了脸，都快把小希扳倒在地了，可小希的手还是纹丝不动地按在自己的脑袋上。我们一个劲地喊“加油”，可是小巩依旧无法把小希的手抬起来。

“看看，这就是马老师施了魔法的结果，不服不行啊！”老师得意扬扬地说。

“不可能！马老师，马老师，我再试试——”同学们都跃跃欲试。

当然，最后被老师施了“魔法”的同学都成功战胜了大力士。

“我们的大力士为什么就是不能把力气小的同学的手抬起来呢？”老师神秘兮兮地问道。

“老师，是不是您让力气小的同学用手指夹着头发呢？”有同学猜测。

“把手放在头上时，胳膊和头形成了一个三角形。三角形稳定，不容易拆开。”有的同学把数学知识用到了这里。

这时，老师揭开了谜底：“你们说得对，的确不是马老师有魔力。

大家想一想，一只手的重量的确没有多大，但是当你想把这只按在头顶上的手提起来时，其实提的不是一只手，而是整个身体的重量。你们当然就提不起来了！”

听到这里，同学们恍然大悟。

原来科学离我们并不遥远，它就在我们身边。我们生活的世界是个奇妙世界，等待我们去探索。

学生的文字传递着心声。我鼓励学生用心去发现，鼓励学生用生动的语言记录生活的美好。

三、创意小说，可以塑造有理想的灵魂

小学高年级的学生喜欢幻想，想象力丰富，开始对外面的世界充满向往，但往往缺乏目标和毅力，做事情容易“三天打鱼，两天晒网”。

基于这一特点，我和学生一起商量，用文字书写我们的理想，用理想引领前进的方向。我和学生共同给我们的创意小说取名为《我们的未来不是梦》。小说分为三部分：第一部分是“今天的我们”，每个学生都要先描述自己现在是怎样的，包括性格特点、兴趣爱好、各方面的表现等；第二部分是“奋斗路上的我们”，学生书写自己在实现理想路上的奋斗计划或奋斗历程；第三部分是“未来的我们”，学生根据自己的实际情况写出个人的理想目标。其中，第二部分是创作的重点。学生可以书写自己在学习和生活中遇到的困难，以及自己是怎样克服困难获得成长的；也可以通过合理的想象，写出可能遇到的机遇与挑战等。

比如，小睿在《理想点亮人生》中写道：

我的妈妈是一位历史教师，经常带我去博物馆参观。每次听讲解员讲述考古学家们挖掘、整理文物的种种，我总会心驰神往，心中的理想就更加坚定了。最终在三年级的新年愿望卡上，我郑重其事地写下了我的理想——当一名考古学家。

当我满怀信心地向妈妈宣告这件事时，妈妈却给我泼了一盆冷水：“小睿，你的理想是很丰满，可是现实却很骨感哦！你知道要成为一名考古学家需要具备哪些专业知识和技能吗？需要什么样的身体素质和心理素质吗？举个最简单的例子，考古工作者经常需要在荒郊野外工作，但你每天晚上睡觉还要爸爸妈妈陪伴，看来你还有很长的路要走！”

虽然听着有点儿令人沮丧，但这并没有影响我对考古的热爱和追求。妈妈的话激起了我的好胜心，我坚信，路在脚下，只要我愿意付出努力，理想就在不远的前方。

但胆小问题似乎就钳制住了我。今晚刚开始独自睡觉时，我咬紧牙关强忍着。但不到一会儿，我就被张牙舞爪的鬼怪攻破了最后防线，抱着枕头哇哇大叫跑向爸爸妈妈的卧室……一看到妈妈那充满期待又含有些许失望的眼神，我的羞愧从内心向外蔓延。为了我当考古学家的理想，我下定决心要克服胆怯的心理。

紧张难安时，我努力让自己平静下来，想着一句话：“请把焦点放在你的梦想上，尽你所能去逐梦；你有改变环境的力量，所以就去追求你真心的渴望吧，无论那是什么。”我开始回想从前看过的考古学家们的工作画面。慢慢地，我仿佛也成了那考古队中的一员，在忘我的工作中满足地进入了梦乡。在梦里，我常常是博学多识、胆量过人的知名考古学家，站在正被挖掘的棺椁旁果决地做去留的定断。

每天前进一小步就会向理想迈进一大步。每天我会坚持阅读一些与历史、考古有关的书刊；每周，我会看一些关于考古的纪录片；一有时间，我就会去博物馆参观学习。

日子一天天地过去，见识一点点儿地累积……我会坚持，直到理想实现的那一天。我怀揣着的，不仅是拳拳初心，更有博闻通识的才学和出类拔萃的气魄。

也许，将来我的理想还会随着年龄的增长而变化，但至少我已深感理想的价值。我们的未来不是梦，为了美好的明天，让我们一起出发！

我试图通过创意小说，让学生一次又一次地将他们的过去、现在乃至未来连接起来，让学生把理想根植于心，落实于行。多年以后，或许学生还能怀揣着自己儿时的理想，或许他们改变了当初的理想，找到了新的方向。我坚信，只要他们是胸怀理想的人，他们终将会拥有成功的人生。

我们用文字只是记录了匆匆岁月中的一个片段、一个身影，但它可以让思想成为永恒。这也正是文字经久不衰的魅力。当班级经营中注入了文字的力量时，这样的班级便有了独特的魅力和气质。

>>> 马连君　北京市海淀区实验小学

从班规的制定看班主任工作

新生入学，班主任往往要做一项工作，就是定班规。不以规矩，不能成方圆。许多经验丰富的班主任都有自己的绝招，执行起来也各有特点，各有成效；但也不乏这种现象，制定出来的班规刚开始执行还好，不久就被慢慢淡化甚至漠视，最后形同虚设。

班规是班级的管理制度，从属于校规，也是校规的具体化、细化。为什么开始制定的时候，都感觉班规非常神圣、“高大上”，到后来却形同虚设了呢？究其原因，大概有两方面。从内容来看，一是定得高了，二是定得虚了；从形式来看，一是缺乏有效的监督，二是没有内化为行动的自觉。班规的内容，定得高了，学生不容易做到，那就没有实际的意义；定得虚了，学生不知道具体如何执行，也是没有意义的。班规如果缺乏有效的监督，就会流于形式；关键是，如果没有内化为学生行动的自觉，学生只是屈从于班主任的高压管理，从内心来说是逆反的、抵触的，违反班规的事，也就屡见不鲜。那么如何避免这些问题呢？

在最近的一次段考分析研讨交流会上，高一班主任小米老师分享的经验令我很感兴趣。新生入学半个学期以来，米老师的班级管理井井有条，班级活动丰富多彩，学生养成自觉自律的意识，学习成绩稳步提高，学生劲头足，家长对班级管理也很满意。她说到一点，入学之初班级组建的时候，召开第一次班级会议，就布置任务，尽量让每个人都提出一到两个关键词。经过思考、交流、汇总、讨论，最后从几十个备选关键词中，全班学生投票选定了班级的理念：团结、上进、礼仪、守纪。然后围绕选定的关键词，全班学生同心协力，集思广益，加以细化，逐条推敲，再次全班投票通过，形成班规。班主任再引导学生围绕班级理念和班规，结合班会、家长会、作文课、班级课外活动等进行多样化、多角度的解读。因为班级理念是大家选出来的，班规也是大家围绕班级理念细化制定的，学生全程参与，充分发表意见，他们的意见也大多被采纳写进条文，学生自然就有成就感、获得感，所以班规执行起来就比较顺畅，逐渐地就形成了独特的班级文化。

从小米老师的实践，我看到了几个方面的意义。

一、体现出对学生的尊重

我们要把学生当作平等的人来看待，充分尊重他们的人格尊严，尊重他们的选择。形成班级理念，进而细化为班规，让学生充分参与其中的每一个环节，体现了教师对学生的尊重。学生感受到成人对他们的尊重，自然激发出内心的责任感和使命感，全过程都会积极参与，因为事关他们自己的班集体建设，关系到他们能否健康快乐成长。

二、体现出对学生的信任

高一正是学生三观形成并逐渐定型的阶段，诚信教育将影响他们的一生。班主任充分信任学生，让学生把自己也当成一个能够说到做到的成人来看待。因此，在选择班级理念的关键词、逐条细化班规的时候，他们就会反复斟酌，每一条甚至每一处措辞都仔细推敲，争取能够准确表达自己的想法，并且确信也让同学相信，自己说到的一定会做到。

三、让学生懂得民主和集中

在这个过程中，学生可以学会发表自己的意见，学会倾听他人的意见，学会理解和妥协，懂得民主和集中。在布置任务之初，有人大方开口，有人静坐沉思。慢慢地，大家会融入这个氛围，参与到讨论中。当自己的意见与他人的意见相左的时候，既要充分表达意见，还要听取和考虑他人的意见，理性处理问题，最后集思广益，达成共识。

四、加快了“破冰行动”，尽快形成班集体

刚入学，大家可能素不相识，互相之间都还在观察中。这个做法，让学生敢于开口，班级学生之间缩短了认识、了解的时间。个人的风格特征显露了，一批善说能做、能组织协调的班干部苗子，一批善于提炼总结、善于组织文字的苗子，脱颖而出。新班级的干部队伍成型了，班级活动的积极分子也发现了，真是一举多得!

人都是这样的，如果是强加给他的，他的本能是拒绝的、抵触的；如果让他意识到，这是他的需求，我们对他合理的需求给予充分的尊重，他就会感受到尊重，感受到信任，感受到责任。班级是教育工作的主阵地，班级里的每一件小事，都是教育的良好契机。作为班主任，我们不能简单地、命令式地，为了完成任务做工作，为了管理而管理。如果班主任对每项工作，都抛开简单粗暴的说教、强制，而是进行场景化、浸润式的活动设计，认真琢磨思考，把育人的理念巧妙地蕴含在活动中，把学生的主体性和班主任的主导性有机地结合起来，真正为学生的成长着想，工作一定会更有实效，也一定会收获教书育人的快乐。

>>> 杨仲林　海南热带海洋学院附属中学

以“人物传记”引领班级发展

在班级建设中，我们借助“人物传记”的力量，引领班级发展，取得了较理想的结果。

一、“达人”大家写

一次，我在布置作文题“一个我敬佩的人”的时候，让学生先说说同学中“你最敬佩谁”，小组讨论后，集中交流。当有的学生提到敬佩小络时，学生纷纷表示他学习成绩好，课外书读得多。我问学生：“你们看到过他是怎样学习、怎样读课外书的吗？”有的学生说小络下课都在看书，有的说小络家里有很多课外书，双休日都泡在书堆里……思路打开了，大家交流得非常热烈。我顺势发问：“打算把小络作为主人公来写的，请举手！”立刻举起了五六只小手。再看小络，小脸泛着红光，头微低着，心里肯定很高兴，谁不想得到别人的赞扬呢？

这时，一个想法跳入我的脑海：每个学生其实都是一道亮丽的风景，何不让大家都来写写他（她）呢？

于是，我问：“大家还敬佩谁呢？”学生又提到了其他几个同学。我重点引导：“其实，每个同学都有自己的优点和特长，都是班级达人，让我们睁大眼睛去发现他们吧！我想以‘我最敬佩的人’为题，为每个同学编写一本传记，作者由你们担任。今天我们要写的主人公就是小络！”掌声一片，小络又不好意思地低下了头。

二、趣闻大家赏

第二天，学生的作文交上来了，我粗粗浏览了一遍，文章内容具体、情节生动、语言风趣幽默，非常吸引人。我把它们按照学习、兴趣爱好、交往等分类，然后交叉分发给学生，让他们去细细体味大家眼中的主人公是什么样的，大家在一片欢乐的气氛中交流着同学的趣闻。

接下来的问题是如何保持学生的写作兴趣，让他们为每个同学编写传记。我采取了“知恩图报”“分组承包”“穿针引线”等方法，确保每个学生为其他同学各写一篇传记。几个月后，传记撰写工作全部完成。

三、靓题大家定

题目是文章主人公性格的鲜明体现，我先让学生自我构思，然后小组讨论、集体讨论，最后确定题目。在老师和同学的启发下，学生想出了一个个新颖别致的题目，如《瞧，书呆子不呆》《书虫——小络》《漫画——小络》《他向我走来》《同桌冤家》等。此后，一个个“达人”被大家作为主人公写了出来，如《键盘上的女孩》《我们的草根部落》《巧舌如簧之小杰》《活火山》等。

在妙题的引导下，每个学生根据撰写对象的特点，对主人公做了更加深刻的挖掘、阐述，仔细推敲，认真琢磨，反复修改，剔除不良的、不利于同学团结的语句，增加一些善意规劝、倡导友好共处的内容。经过修改，文章水平大有提高。篇幅长的，写得细致入微，娓娓道来；篇幅短的，精悍简练，一气呵成。

四、人气大家评

开始评选“班级达人”人气王了。我为每份传记的主人公写了一个序，然后配上精美的封面，装订成册，摆放在教室展示台上，学生可以利用空余时间自由翻阅，然后抽一节课进行各项人气奖的评比。最后评选出“最具人缘奖”“最具才艺奖”“最具活力奖”“最具沉默奖”“最佳文采奖”等人选。其中“最具沉默奖”，授予那些平时不引人注意的学生，学生在作文中捕捉了他们的诸多闪光点，让他们感受到集体的温暖。

通过评选，学生之间有了更加深入的了解，关系变得更加融洽了，大家在交往过程中更懂得了互敬互爱，友谊也变得更加深厚了。

>>> 方祝发　浙江省淳安县实验小学

用班歌传播班级精神

班歌是班级精神文化的重要载体，能充分表达和传播班级精神、班级价值观、班级个性等班级文化的核心要素。怎样用班歌传播班级精神呢？

一、把班歌纳入班级礼仪，经常传唱

当行为成为一种习惯，尤其是上升为一种仪式时，可以加深组织成员对组织文化的集体记忆。比如，中秋节吃月饼和春节吃团圆饭，是中华民族重要的仪式化活动。

对班歌而言，唱国歌仪式有更加直接的借鉴意义。每当庄严的国歌唱响时，那令人热血澎湃的旋律和歌声就是最好的爱国精神的熏陶。因此，要利用班歌传播班级精神并获得尽可能多的认同，首先要把唱班歌仪式化。在班级重要活动、重要场合中，唱班歌要作为重要的仪式出现，以一种比较庄重的氛围来强化班级精神。

二、将班歌融进学生情感，借势传唱

如果班歌只用于传唱，没有与班级发展的生动活泼的局面结合起来，就只是一种娱乐活动，而不可能成为班级精神的有效载体。强化班级精神，不仅要把唱班歌当作一种礼仪，而且要善于创造和把握时机，积聚传播班级精神的势能，借势传唱。

要使班级精神落到实处，就要善于把握班级取得优势、彰显特色的有利时机，借助学生情绪高涨的有利态势，激发学生引吭高歌，从而把学生对班级的归属感和荣誉感与班歌结合起来。这种情况也就是古人所讲的“胜战之卒，叩鞍而歌”。对军队而言，“胜战”之后简单随意的“叩鞍”歌唱，不仅是一种喜悦之情的自然流露，更能够产生一种激励士气、凝聚人心的强大气场。采取这样的方式传唱班歌，不仅可以避免学生因认知饱和而产生厌烦心理，而且可以强化学生对班级精神的认同。这样，在以后遇到困难时，学生会情不自禁地想起班歌，甚至在潜意识里把班歌当作胜利的象征，将其作为激励自己的法宝。

三、对班歌进行解读，故事承载

一般而言，班级精神的有机形态包括三个层面，即班级精神的符号象征、班级精神的内涵解读和班级精神的故事承载。班级精神的符号象征即平常所讲的班级精神，往往被概括为一句很精练的话。班级精神的内涵解读则是对这种符号象征的完整诠释。班级精神的故事承载是班级文化建设中能够体现班级精神的各种班级典故或者“班级传奇”。

比如我班班歌是《步步高》，其班级精神的符号象征为歌词中的一句“要做就做最好”，其内涵被解读为“未雨绸缪，艰苦奋斗，力争上游，不断进步”，其故事承载为排球比赛精彩夺冠以及语数外三科统考全校第一等一系列学生通过努力拼搏创造的班级故事。

班级精神的符号象征、内涵解读和故事承载就像一朵花，符号象征是花蕊，内涵解读是花萼，故事承载则是花瓣。班级精神要光芒闪耀，除了花蕊是真正的精华以及花萼起支撑作用之外，最引人注目的还是作为故事承载的花瓣要数量足够多，且每一个花瓣都鲜艳有形。

班主任在组织传唱班歌时，要结合班级发展状况对其中蕴含的班级精神做出解读和阐释，使其不断得到丰富和完善。

>>> 周勇　湖南省长沙师范专科学校

第五辑

把问题变为成长的机会

私人定制：我的带班绝招

这是一个出了名的乱班，学习落后、纪律松弛、问题学生多，初一时就换了两个班主任。初二时，我成了这个班级的第三任班主任。我采取“私人定制”的方法，教育转化这些学生，班级终于充满生机。

一、班级小超市与选择题

刚接班，我翻看了初一期末考试成绩，虽然做好了思想准备，还是被吓着了。我的目光定格在最后一名——绵绵（化名）的成绩上，五门功课加起来总分还不如别人一门功课的分数。

“她厌学，不爱读书，想来就来，不想来就不来，家长也拿她没办法。”原来的班主任如此评价绵绵。

接班一个星期，我暗自心喜：她天天来上学。虽然神游物外，可总比逃学要好。

9月9日我在北京开会，接到她打来的电话：“老师，我想对你说……”声音很轻，吞吞吐吐。

心情很好的我自作多情了一把：“绵绵，你是要祝我教师节快乐吗？我在北京呢。”

“不是，我就是想对你说……我明天不想来上学了。”

“啊？为什么呀？”瞬间一盆冷水浇得我心里哇凉哇凉的。

“老师，我以前就这样。我已经读了一星期了，不想来了。”

“可是，我这个班级需要你呀！”我镇定下来，这一天果然到来了，我想好的对策终于要派上用场了。“绵绵，你看，咱们的班级小超市开起来了，文具用品都很齐全，也有标价，同学们只要往储蓄罐里放了钱就能拿走自己需要的文具用品。这第一批物资是我出钱购买的，现在资金可以周转了，需要有人不断地给小超市进货，对不对？”

“嗯。”电话里传来的声音明显有些好奇。

“我知道你的父母是在菜市场里批发水产品的，对如何批发价廉物美的商品比我懂，所以，我决定把这个小超市承包给你们家。这样，你就要一直待在学校里，发现缺了什么文具就要及时通知父母进货。行吗？”

“嗯，好的。可是，老师，我实在读不好书……”

“没事，不用着急。明天见？”

“嗯，明天见。”她的声音带着喜悦。

第二天一大早，我就看到她坐在教室里，这真是最好的教师节礼物了。课间休息时，我把她叫到僻静处：“我知道要你一下子搞定六门功课有难度，不如这样，你选一门学学如何？其他五门先不做要求。”我看着她说。

她吃惊地看着我，发现不像开玩笑的样子，便脱口而出：“我选语文。”

“好呀，我是语文老师，这个忙我帮得上。就这么定了，认真学语文。”

一个月后，她的语文成绩及格了。

“不错嘛，一个月搞定了一门，看来能力很强，要不咱们再选一门试试？”

她笑眯眯地想了想，选了历史。期中考试，语文、历史都及格了。

“老师，我再选一门吧。”她自己来找我，有点儿小得意。

“好呀。不过我提醒你一句，不要选物理。”

“为什么？”

“物理太难了，你要是选了物理没考及格，多没劲啊。”

“老师，你小看我！我就要选物理！”她来了犟脾气。

“好吧，我提醒过你了哦，你选了它就要努力，物理老师在楼下办公，有问题就去找他。”

她哪里知道，我就是要她选物理，初二才开设的课程，只有一丁点儿内容，是可以搞定的。而英语，她连有多少个字母都没搞清楚，很难拾起来。每个学生的能力、基础不同，我不会强求她门门都及格。

初二上学期期末考试，她六门功课有四门及格，其中政治还得了优秀。颁发进步奖的时候，大家都笑意盈盈的。

“孩子，与考多少分相比，我更在乎的是你能斗志昂扬地生活，而不是自暴自弃地过着日子。

“小超市和选择题，都是为你一个人量身定做的。这个，我永远不会告诉你。”

二、每天给她买早饭

班里有个孩子叫茜茜（化名）。老师们告诉我，茜茜父母离异，她跟随母亲生活。母亲上夜班，早上只管睡觉，不喊她起床，不给她做早饭，也不给她买早饭的钱，所以她初一时几乎天天迟到。

茜茜在心里话本上写道：“每天都是自己调闹钟起床。可是总要闹三四遍才醒来，时间已经来不及了，错过了公交车就要等好久才来下一趟，根本没有时间买早饭了。父亲给奶奶一点儿零花钱，奶奶基本都给了我买早饭，可是最近奶奶生病，那些零花钱都拿去看病了，也没钱再给我。我不想问父母要钱……”

这个孩子迟到的背后是饿肚子。想想也是，头天晚上六点多吃晚饭，到第二天中午十一点半才吃午饭，难怪每天午饭时她总是第一个冲到饭盒那里。正在生长发育期的她，每天上午总是无精打采。

“你负责起床，我负责给你准备早饭，你洗完脸就来学校吧。”我在心里话本上写下这样一句话。

我每天给她准备早饭，确保她的营养能够跟上。

与准时到校相比，吃好早饭更重要。

我没有因为迟到去“修理”她，还自己贴钱给她买早饭。不为别的，只是想让这个女孩在寒冷的冬天里感受到一点儿温暖。

从接手这个班级的第二个星期开始，我每天给她买早饭，坚持到今天，没有缺过一次。

我们心照不宣，我每天悄悄给她早饭，她悄悄拿好，从不言谢，只是在每天放学的时候对我绽开笑容，和我挥手说再见。但是她不再迟到了。现在，她升到初三了，我会继续给她买早饭，直到她毕业的那一天。

三、从不说话到与陌生人交流

我带学生去素质教育基地劳动。

挖红薯时，尘蹲在地上懒洋洋地拉着一棵小草不动手。教官提醒他，尘不予理睬。教官火了：“你是不是男人？”尘站起来头也不回直奔田埂边，远远地蹲着，任凭谁劝都没有用。直到活动结束，他还像泥塑一样蹲在那里，从头到尾没有说任何一句话，直到被父母接走。

学生告诉我，尘从来不说话，没有人敢惹他。我和任课老师沟通，得到的反馈是，已经教了一年了，尘确实从来没有说过一句话，仿佛一颗定时炸弹，谁知道什么时候会爆炸呢？老师们都不敢惹他，上课从来不向他提问。

尘的心门紧闭，他的沉默让人不安。

很快，我收到了尘的母亲的求助信：“从小老师写评语总是说儿子内向，不回答问题。开家长会时，我也会向老师了解孩子在学校的表现，老师都说孩子不言语。当时也没太上心，想着儿子大了自然会有所改变。可是现在 15 岁了，他还是从不与他人说一句话，哪怕在家里也难得开口！我十分担忧，长此以往，孩子将来到社会上很难立足……作为父母，我们也时常提醒自己要有耐心，可是有时看到他这个样子，原本想好好和他说，平静地说，到最后总是发火。头痛呀，真不知道怎么与孩子沟通。初中应该是孩子人格定型的关键期，一想起来我就焦虑。在此求助于老师，像这种类型的孩子该如何引导、如何教育？”

我也挠头，没有接触过这样的案例，只能摸着石头过河。

我在班级规定，学生放学时必须做三件事情：收拾干净桌面和周边环境；把凳子塞进桌子下面；向我挥手、微笑说“再见”。

放学时，尘面无表情，把手缩在袖子里，象征性地挥了挥，算是和我再见。我微笑着对他说“再见”。

时间长了，这个仪式不再陌生，尘脸上的表情有些松弛了，手慢慢伸出来了，能用比较自然的表情看着我，翕动着嘴唇不出声地和我说“再见”。一个月后，渐渐能听到尘的“再见”声了。

后来，我们班开展了“班级好声音”朗诵活动，采用小组朗诵的方式。

这是我不动声色逼尘就范的方式。他不和人说话，那么如果同学们求他参加呢？他会开口朗诵吗？我把退路都想好了，如果他实在不说话，那么就做评委吧。

尘所在小组的一个成员在赛后心得中写道：“我们组里有个不说话的，但是我们都希望他能参加，可他就是不吭声，在我们的一再请求下，他终于勉为其难地答应了……”

从前，老师们不敢喊尘站起来回答问题。现在，我有了一点儿底气，在语文课上不动声色地开始我的导演。

“开火车”！一个开放性问题布置下去，一竖排学生一个个站起来说，总有学生说不出来的，那就坐下再思考。万一他站起来不说话，我们都不会感到尴尬，让他坐下再思考就行了。

“越往后越难回答哦，都要被前面的人说光了！”我对尘使出激将法。尘是第六个站起来的，居然说了一个想法！我心里狂喜，却不动声色：“不错，说得有道理！请坐，后面的同学继续。”

我选了尘的作文进行精心修改，作为“美文欣赏”在我教的两个班级推荐阅读。尘的表情镇定，只有在学生读到作者名字的时候，才能看到他脸上瞬间变红。

沉不住气的是他的母亲，连夜发来短信，“揭发”了尘回家后掩饰不住的狂喜，他居然在吃晚饭的时候眉飞色舞地描述课堂上的情景！

当我在班级里开展有意义的寒假作业“炒菜记”时，尘给了我更大的惊喜。

想不到他居然喜欢烧菜，甚至跟菜市场里的小贩讨价还价，并且还带上了微笑！

在作文《写给好朋友的一封信》中，我欣喜地发现，尘终于在班级里有了好朋友。

教育，需要费尽心思，需要循序渐进，需要有耐心。有所为，有所不为。

做了 25 年的班主任，如果你问我有什么治班的绝招，我的回答是四个字——私人定制。

>>> 于洁　江苏省昆山市葛江中学

从“纠错箱”到“为你点赞”

从一项活动入手，并适时“迭代”，能为学生提供更多的成长机会。

一、“拿来”的“纠错箱”

一次听讲座，讲课老师分享了自己开展的“纠错箱”活动。学生每次犯了小错误，就从“纠错箱”中抽出一张“纠错”小条，并按小条要求接受惩戒。这些小条是全班学生本着“惩前毖后，治病救人”原则编写的，内容涉及学习类、体育锻炼类、为班级服务类、娱乐表演类等。学生往往不会抵触自己制定的带有改良性质的“小小惩戒”，接受惩戒后也能较为主动地改变自己的不良行为。当时讲课老师还特别强调一句：“教育离不开惩戒，但这种惩戒背后一定是有爱心作为支撑的。”

听完讲座，我大受启发，平时学生犯了小错误，我简单地批评教育往往效果不佳。如果能适当改变一下思路，采用这种不损害学生身心健康的教育方式，也许能帮助他们更好地养成遵守制度的习惯。于是，我便抱着“拿来主义”的心态，在新接手的初一班中进行了尝试。

起初，很多学生把这项活动当成一种“游戏”，抱着恶搞的心态，写的“纠错”小条很多都是以调侃、娱乐甚至捉弄人为目的的。面对收上来的“纠错”小条，我真是哭笑不得，只得再次重申尊重和爱心的原则，让一些学生重写，并从中删除不合适的纠错方式。最后，经过全体协商，学生一致认可了能够放入“纠错箱”的小条内容，如：学习类——背、默一篇古文、英语课文，为同学讲五道题；为班级服务类——做一天值日，擦一天黑板，帮老师拿教具……于是，我班的“纠错箱”正式上岗了！

实施初期，学生热情很高，只要一有人犯错，纪律委员便主动拿着记录本提醒我赶快对犯错的学生执行惩戒。当犯错的学生抽签后，其他学生总是迫不及待想要聆听其中的内容，对他们认为有意思的内容则会爆发出笑声并鼓掌。犯错的学生都能在这样轻松的氛围中接受惩戒，在改正自身错误的同时又服务了班级或强化了自己好的行为，其他学生也会在这样的情境中宽容犯错的学生，并以此警醒自己。

可时间长了，学生渐渐对它失去了兴趣，“纠错箱”被遗忘在了角落里。同时，我也在思考：“纠错箱”确实帮助学生减少了很多错误，但它只是告诉学生这样做不好，却没有告诉学生怎样做更好。在良好班风已经初步形成的情况下，有没有更好的活动形式，可以引导学生向上向善呢？

二、从“抓住你了”到“为你点赞”

初一下学期开学前，我思考着如何创新对上学期各方面表现突出学生的表彰方式，使表彰更好地发挥激励作用。突然间，我想起了那个被遗忘的“纠错箱”。以往的表彰大多结合阶段检测、大型活动进行，一学期没有几次，名额也有限。如果能将表扬常态化，是不是可以给学生输入更多的正能量呢？

说干就干，我借鉴一个名叫“抓住你了”的活动形式，将每周“当场抓住”的表现好或做好事的学生名字和事迹写在纸条上，放入“好事罐”里。每周五从“好事罐”里随机取出几张纸条，对被选中的学生进行奖励。当我把这个想法告诉学生时，他们的参与热情又重新被点燃了。

我把活动重点放在激励学生积极做好事和努力做得更好方面，其中一个重要环节是参照“纠错箱”的操作方法，让学生写出他们最想得到的非物质奖励。没想到，学生写的大多是减免一项作业、少做一次值日、当一天班委等，而且不少内容还是我为了启发学生提供给他们的现成方案。

为什么会这样呢？我想到老师、家长等往往以成绩、是否听话作为对学生的主要评价标准，学生想到的奖励内容和方式自然也集中在这些方面，没有经历多种形式表扬的学生怎么会有更多想法呢？

于是，我再次引导学生关注自己的内心需要，帮他们发现心中期盼的表扬方式，并鼓励他们大胆写出来。我们的奖励内容发生了很大变化。比如，让老师给家长打表扬电话；按自己的意愿换一天座位；获得任意五名同学写的点赞卡；通过家校平台给全体家长发表扬短信；承担一天任意一项班级工作；让别人承担一天自己的班级工作；获得一次免于接受“纠错”惩戒的机会；担任一天班主任……可以看出，学生内心的期待更丰富了。

实行一段时间后，我发现，在我开始大力表扬学生后，他们也开始学习别人好的做法，规范自己的行为，主动为班级、为老师、为同学做力所能及的好事，这种正能量的输入已自然而然地引导着班级向更美好的方向前行。这不正与我们的班级理念“让优秀成为一种习惯”相吻合吗？

后来，我发现“抓住你了”这个活动名称有点儿别扭，每次和学生分享时总感觉抓住的不是好事而是“坏人”，那就起个时尚且正能量的名字吧！于是，借鉴当今非常流行的“点赞”，“为你点赞”成了活动的名称，这也是这项活动的最终目的。

与“纠错箱”活动比较，我更欣赏“为你点赞”这个活动。这种点赞不是无原则的赏识和简单表扬，而是希望帮助学生完成良好行为的内化，充分认识到这些好的行为的内在价值。我期待着借助“为你点赞”这一活动，走进学生的心灵深处，建立和谐的师生关系与生生关系，最终构建和谐的班级文化。

>>> 吕华　北京市第九中学分校

抓好三个“第一”，培养学生的规则意识

在新组建的班级中，早读时很乱、课堂纪律散漫等现象是我们经常看到的。造成这种现象的根本原因是规则意识的缺失。我在接手新班时，通常会抓住第一天、第一周、第一个月等关键时间节点，寻找教育契机，引导学生树立规则意识，使班级从无序逐渐走向有序。

一、第一天的“入门宝典”和桌子

以往开学第一天见面，孩子们会一窝蜂地涌入教室，然后很好奇地看着班主任，从班主任对众人的态度中感受自己初中生涯将要经历的各种“颜色”。

但是今年，我选择了别样的方式。当学生来到教室门口时，迎接他们的是一张“入门宝典”。“入门宝典”上写着：

1. 你懂得进门的基本礼貌吗？注：①每次仅允许进一个人，否则会被……②在外面等候的同学应该……

2. 进门后，看看教室里有你马上要做的事吗？如果有，就马上做。

3. 为自己找一个座位，一定要有选择理由，坐好后请安静倾听。

4. 进入教室后，无论遇到什么人或什么事，请记住：一定要微笑。

“入门宝典”虽然只是列了简简单单的四点内容，却蕴含对学生规则意识的引导。学生面带微笑、井然有序地进入教室；进入教室的学生或积极主动地做事，或帮助他人；而门外的学生有序排队，轻声交谈。

学生进入教室后，除了“处理”桌椅上的灰尘和地上的一些垃圾外，还有一个新任务在等着他们——我故意没有整理教室，桌椅摆放杂乱无章。

“同学们，告诉我，这是不是你们梦想中的初中班级？”我问道。

学生环顾左右，很快就发现了问题，纷纷摇头。

“那告诉我，现在最需要解决的是什么？”

“桌子太乱了，我们需要把桌子摆整齐！”学生很直接地指出了问题。

“那好，谁告诉我，什么叫整齐？”

学生七嘴八舌：“应该排成一条线！”“应该横竖都是直的！”“应该是全部对齐，无论从哪个角度看！”他们开始从不同的角度思考“整齐”的要求。

“好，那谁来带大家做好这件事情呢？”我刚提出要求，马上就有学生接手了。

“那好，你来说说怎么做？”我继续问道。

“我想这样做……”他用手比画了一下，想从“横”“竖”“斜”多个角度摆好桌椅。

“你的理解是对的，可是我想知道，万一又回到现在的状态怎么办？”我指了指满屋的桌子。

“这个……”这个学生开始迟疑了。

“有了！”另一学生大喊，“我找到办法了！”他激动地指着地上纵横交叉的瓷砖线说：“老师，我们可以利用这个！如果以这些线为标准、为参照物，每一排桌子前腿都与它重合，是不是就整齐了？”

说完，周边的学生恍然大悟：“对呀！”

“好主意！我们每天就可以以地面上纵横交叉的线作为标准来摆桌子。”我大为惊喜，想不到学生的悟性如此高，他们解决问题的速度超过了我的想象。我借此契机，继续说道：“同学们，我惊讶于大家进教室后的表现——有序、安静、积极、主动。哪位同学能告诉我原因在哪里？”

“因为有‘入门宝典’！”

学生的心里虽然还没有“规则”二字，但他们已经知道，做事情需要遵循一定的标准，这样才能有序。

二、第一周的“愿望瓶”和水杯

在实际生活中，我们要引导学生逐渐树立规则意识，并能举一反三，合理运用，完善规则。

第一周，我为每个学生准备了一个“愿望瓶”，用于存放学生的梦想，让他们在梦想的指引下前行。可是，这么多“愿望瓶”放在哪里？怎么放才能显得有序呢？我提出疑问，引导学生思考。

经过讨论，学生发现，放在自己家里，很容易忽视；放在教室里各自保存，容易丢失和破碎；由老师收着，不能充分发挥“愿望瓶”的作用……最后，大家决定把“愿望瓶”统一放在教室左前方的窗台上。但是怎么放呢？依据什么标准和规则摆放才会显得有序呢？我继续把问题抛给学生。

一个学生举手，说：“我们可以给每一个人划一个区域，并制作一个表格。大家根据表格放置自己的‘愿望瓶’，瓶子底部（圆形）要和左边和下面的边界线相切。我们按照这样的规则去做，就可以让瓶子摆放有序！”

“我很高兴你能在这么短的时间内想到放置瓶子的规则！”得到表扬后，这个学生的脸上露出灿烂的微笑。

“大家已经想好了摆放‘愿望瓶’的规则，我很高兴。我们要学会举一反三。平时，我们每个人都带着水杯，有的放在桌子上，有的放在抽屉里，但一不小心杯子就会掉在地上，发出很大的声音。要避免出现这样的现象，也需要一些规则。”我指着桌子上的水杯，启发学生进一步思考。

“老师，我们可以沿用这样的方式呀！”一个学生指着“愿望瓶”说。

“具体说说看！”我盯着他。

“就是把杯子放在后面的窗台上，放的方式和‘愿望瓶’一样。”他指着后面的窗台说。

"可是，瓶子和杯子大小不一样啊！"我说。

"也是，杯子里有水，还不能弄混。如果不能把杯子放在一个固定的地方，不仅容易搞错，甚至还会因为装水，产生一些其他问题。"一个学生接着说。

"我有办法了！"一个学生大声说，"老师，我可以给每个位置贴上名签，然后在上面放一张厚厚的透明塑料布。按照这样的规则去做，是不是可以解决问题了？"

教室里一片寂静，我伸出大拇指"狠狠"地点了个赞，所有学生都学着我的样子为他点赞。

三、第一个月的一日规则

经过开学第一天和第一周的引导，学生已经具有一定的规则意识。在入学的第一个月就需要引导学生制定一日规则，以此推动班级日常生活整体、有序开展，引导学生养成良好的行为习惯。

"同学们，我们每天的生活和学习也需要规则，这样才能有序。要想让我们每天的生活和学习有序，我们需要从哪些角度思考呢？"我提出问题。

"老师，我们需要知道，在什么时候做什么样的事情。"

"说得好！你想到了两个因素，一是时间，二是事情。还有吗？"

"老师，我觉得我们还要知道'要求'，就是事情该怎么做。"

"也就是说，要做事情的时候，我们可以用指令的方式提醒大家。"

"谁提醒呀？"一个学生发问。

"好，你想到了一个新的因素，就是谁来做。还有吗？"

"老师，我不知道对不对，但是我想说一下。"一个学生举起手，迟疑地说了一半。

"当然可以，尽管说！"我鼓励道。

"老师，我觉得尽管有指令，但有的人未必会做得好，我们可以设立一个监督者。”

“很好，但是我觉得‘监督’这个词太沉重，我们可以设立一个关注者。”我接着说，“现在我们确定了规则的五个要素——时间、事件、指令、执行者和关注者。接下来，新任务来了，我们要选择一个一日规则制定小组，按照这五个要素去制定一日规则，然后请大家讨论通过。”我总结完，似乎问题都已经解决了。

突然，有学生举手：“老师，如果有人不遵守规则，怎么办呢？”

“惩戒！”很多学生一起回应。

“可是，怎么惩戒呢？”我补充道。

“站后面！”“站着上课！”“跑步！”“叫家长！”……

“那么丰富呀？”我调侃了一句。

一个学生听后，赶紧进行补充：“老师，对不同的错误，应该有不同的惩戒方式。对错误的惩戒，我认为也是一种规则。”

“我非常同意！接下来就是怎么制定规则的问题了，你来主导好吗？”我说道。

“好！”他很痛快地答应了。

讨论结束，我们班级的一日规则也就基本成型了，既有一天当中学生需要按流程干的事情，又有做每件事情时需要遵循的标准。学生每天以一日规则为标准，不断规范自己的行为，强化自己的规则意识。

>>> 方海东　浙江省温州市第九中学

把问题变为成长的机会

把问题变成机会，我们就能从平凡到优秀，从优秀到卓越。我认为这一理念同样适用于班级建设与管理。为此，每隔一个月左右，我在班里就会召开一次特殊班会，给学生创造一个发现问题、分析问题和解决问题的机会。在班会上，先是小组讨论，按严重程度排列出班级目前存在的问题，经过汇总后，确定一个大家公认最严重的问题，然后让问题变成学生成长的机会。

一、“课堂效率不高”问题

为解决“课堂效率不高”问题，我班召开了四次班会。第一次以小组为单位讨论“哪些因素影响了我们的课堂效率”“我们如何做才能避免受到这些因素影响”。讨论后，各小组把梳理出的结果写在一张纸上，由班长和纪律部长进行整理，制订出《“高效课堂”标准（征求意见稿）》。

第二次班会，向各小组下发《“高效课堂”标准（征求意见稿）》，让各小组再次逐条讨论，进行增删、修改。由班长和纪律部长再次进行整理，出台《“高效课堂”标准（修订版）》。

第三次班会，公布《“高效课堂”标准（修订版）》，并由各小组制订《“高效课堂”承诺书》，以小组为单位，在全班同学面前宣读《“高效课堂”承诺书》。最后，每个学生制作一张“高效课堂卡”，在上面书写最需要提醒自己的一个或几个问题，一段时间后根据自己的课堂表现进行更换。班会结束后，综合成一份全班《“高效课堂”承诺书》，让每个学生签上自己的名字。

三次班会后，每天的早班会上增加一项内容——用两分钟时间默念“高效课堂卡”，每天的晚班会上增加一项内容——对照“高效课堂卡”自我反思。每周的班会上，我们都会重温《“高效课堂”承诺书》。期中考试后，对全班学生进行一次问卷调查，涉及“高效课堂”的意义、《“高效课堂”承诺书》中每一条的执行情况，最后一题是让学生写出自己的感受。

第四次班会，对调查结果进行分析和分享。结果表明，绝大部分学生在解决这个问题的过程中取得了不同程度的进步，养成了更好的学习习惯，提高了自控能力，增强了责任意识，同时对学习的意义也有了更深刻的理解。这些成长点在分享中不断增值，一个人的成长变成了大家的成长。

让学生意识到“问题就是成长的机会”非常重要。一旦有了这种意识，以后遇到问题时，学生就会积极地面对，在寻求解决办法的过程中获得成长。

二、“跑操时有人说话”问题

学生发现“跑操时有人说话”问题日趋严重，便想出了一个解决问题的方法，让出现问题的学生写 5 个跑操时不说话的办法，自己想或者问同学都可以。第二天如果还说话就写 10 个，依次累加。

然而，有的学生写出了 20 个办法，却依然在跑操时说话。于是，再让他思考问题出在哪里和怎么解决问题。不到一周，课间跑操时基本上没有人说话了。接着我们召开分享班会，由写过跑操时不说话办法的学生设计。这些学生给了大家一个惊喜，他们表演了一段小话剧，欢乐之余让同学们感受到了安静的力量。

精心设计、独具创意的分享班会，让每个学生都获得了一次成长的机会，认识到不仅在跑操时要安静，在课堂上、公共场所也应该保持安静。

三、“对学习数学有畏难情绪”问题

“对学习数学有畏难情绪”是初一年级学生容易出现的问题，这个问题是由我们班的“数学专家”们解决的。

我们班除了各科课代表之外，语文、数学、外语三科都聘请了一些成绩比较突出的学生担任“专家”，数学一共有6位“专家”。当学生发现这个问题后，我把问题直接抛给了“专家”们。“专家”们编出了一个通过解数学题获得线索“破案”的游戏。提前一周预告下期游戏要做哪些题。每个环节每个学生手中可以有两张“求助卡”，每周五放学后为游戏时间，也是我们班最欢乐的时刻。氛围营造出来后，不管结果如何，至少在这个时间段，数学在学生的脑子里是与“快乐”一词相连的。

游戏进行到最后，“案子”破了，“凶手”找到了，学生在游戏过程中学会了做许多数学题，并发现其实许多时候解不出题，不是智商有问题，而是因为存在畏难情绪。如果遇到困难时，学生能够坦然、积极地去面对，把解决问题当作破案游戏看待，就能够战胜困难。

在班级管理过程中，班主任要善于发现问题，引导学生想方设法解决问题，把解决问题当作学生成长的机会、班级成长的机会、教师自己成长的机会。

>>> 徐欣悦　北京交通大学附属中学第二分校

我的班级管理“突破口”

一个班级的健康发展，需要科任教师的支持与助力，需要家校配合，需要班主任激发学生的信心与勇气，但实践中我们的突破口在哪里呢？

一、接手新班，以“让科任老师喜欢咱们班学生”为突破口

每接一个新班，我首先要求学生做好三件事：课前将黑板擦干净；将讲台、实物展台擦干净；科任老师一走进教室，全体学生立刻起立，声音洪亮地向老师问好。这样做，几天后就会得到积极的反馈。有的老师说：“你们班的讲台真干净，我的笔记本上没有一丝粉笔灰。”有的老师说：“你班学生向老师问好声音响亮，充满热情。”可见，科任老师已经对我班学生产生了好感。我把老师的夸赞转达给学生，进而要求他们做到让科任老师走进班里就感到心情愉快。学生经过讨论，决定从以下几个方面入手：把教室打扫干净，把物品摆放整齐，见到老师问好，无论什么情况下都不能顶撞老师。有的学生还从家里带来花草装饰讲台。

一次，一位给我们班代课的老师夸奖道：“你们班的小孩真好！”原来这位老师上课时站累了，向讲台两边看了看，一个学生便主动将墙角的凳子擦干净送到老师跟前。这件小事给老师留下了深刻的印象。

当科任教师发自内心地喜欢学生时，上课的状态一定是非常好的，看学生的眼神必然是亲切的。学生也会从老师那里感受到关爱，师生关系便进入了良性循环。有了良好的师生关系做基础，何愁教师不认真教，学生不努力学呢？

二、转化学生，以“让家长感受到孩子进步”为突破口

进入高二，班里转入一个迷恋网络的学生。他曾经因沉迷于网络二十多天没有上课，家长一提起他就气不打一处来，恨得咬牙切齿。经过一段时间的观察，我发现这个学生除了对学习不感兴趣外，其他方面表现都不错。于是我把他在学校很听话、能及时完成作业、值日不偷懒等优点通报给家长。家长听了，对待孩子的态度慢慢好了起来。家长对孩子不偏激，给予理解，有利于孩子的转化。

可是，好景不长。一个周末，这个学生没有回到学校上晚自习。经询问得知，他自周五放学后就没有回家，家长找了一天一夜才在网吧中找到他，非常生气，不让孩子上学了。我了解了原因，原来这个学生周五只是想在网吧玩一会儿，不知不觉时间晚了，半夜回到家门口不敢进家，又返回了网吧。我帮助家长分析，孩子只是一时入迷忘了时间，后来知道回家，知道害怕，比以前二十多天不回家进步多了。我把他带回学校。之后每当这个学生有表现好的地方，我都告诉家长，让家长不要总是责怪孩子，给孩子做点儿好吃的，买件新衣服，阴雨天接送孩子。慢慢地，家长和孩子的关系融洽了。家长经常在孩子面前称赞班主任，孩子也会更加信服班主任的管理。

对这样的学生，要注重鼓励。回答问题正确，竖一下大拇指赞一个；三天没有迟到，表扬一句；一周没上网，夸赞一句。在学校里，学生总能感受到自己在老师心中的良好印象；在家中，总能看到家长的好脸色，学生自然珍惜这样的良好局面。

任何人都不喜欢被人指责。善于发现学生每一处细微的进步，善于把对学生的鼓励融入一个个平常的细节之中，学生就会不断成长。

三、超越自我，以“找出小问题，取得小成功”为突破口

军训期间，我带的男生接连几天内务得分总是输给女生。我问男生能

否超过女生，他们异口同声："不可能！"我说试试吧。我坐镇宿舍让他们彻底整理内务，第二天分数明显提高，然而还是输给了女生。我让他们找评委询问原因，主要是男生的被子叠得没有女生的整齐。于是，一个中午，我组织全体男生练习叠被子。再一次内务评比时，分数终于超过了女生。男生群情振奋。我趁热打铁，鼓励他们："许多事情不是不可能，而是没去做。有决心，就能够做到最好！"于是，男生把所有扣分的项目找出来，一一整改。

学习也是这样，学生只有强化自己的优势，解决一个又一个问题，才能不断进步。每次考试后，总有许多学生感叹自己粗心，会做的题目没有做对。只是后悔远远不够，还需要针对每一个细节扎实训练，一个问题一个问题地去解决。一次次小成功会让学生满怀信心地投入下一个挑战中。

班主任工作千头万绪，每天面对的是一个又一个细节，一件又一件琐事。我们只有选准突破口，做好一个又一个细节，才会促使学生在一件又一件小事的实践、体验中不断学习，不断成长。

>>> 刘岩　江苏省新沂市第一中学

让班级总结落地生根

班级总结可以肯定成绩，找出问题，并指导下一阶段的工作和学习，但容易流于形式，难以得到学生真正的认同。

如何才能切实让每一次班级总结落地生根呢？我认为应该做好以下三点。

一、及时树立目标，为总结提供参照

总结对目标设定有指导意义，而设定的目标又能够为之后的总结提供参照。

三年级时，我们班以很小的差距与“文明班级”失之交臂，学生都非常失落。班级总结时大家发现，我们班在午餐秩序上扣分较多。因此，四年级一开学，我们就制定了“力争文明班级”的学期目标，并把学期目标细化到每一阶段，如将第一个月定为“文明就餐月”。值日班长在晨会上进行“文明就餐”的友情提醒，在夕会上及时表彰“文明餐桌”。在月度总结中，我们欣喜地发现，我们班午餐秩序明显好转，评分高于年级平均水平，由竞争短板转变为“提分项目”。

细化之后的目标成了学生跳一跳就能摘得到的苹果。这让总结的过程变得更加美好，学生能够及时看到自己的进步——达到甚至超出预期目标。当然也会发现一些不足，总结就是要让不足转化为动力，并将其作为下一阶段的工作重点。由此可见，唯有与学生、班级发展紧密联系的总结，才是有意义的。

二、积极关注班情，讲述身边的故事

在总结过程中，老师们往往把注意力集中于教学常规的好坏、集体荣誉的多少、班风的优劣等，过分看重结果的总结往往使我们忽视班级中那些动人的故事。

在刚工作的那几年里，我的周总结、月总结都是寥寥数语，且严重雷同。不光学生感到厌烦，就连我自己也觉得语言干巴巴的，没有意思。随着与学生的交往不断深入，我试图去讲述现象背后的故事。例如，在过去，我也许会说："电器管理员很负责，感谢他，没有让我们班级出现任何纰漏。"现在，我会这样说："五点半，老师准备下班时，发现小明也刚出校门，一问才知原来他回家后想起饮水机没有关，又跑回来关饮水机了。我们都知道，他家离学校并不近。"

故事本身是一个不可忽视的德育媒介，身边的故事会给人亲切感，是不可多得的德育资源，我们在总结时切不可忽视。

三、实现"话语权"共享，让人人参与总结

在大多数班级总结中，好与坏都是班主任说了算。确实，班主任在总结中能够关注到班级的整体情况，但很难保证全面，更不可能细致到每一个个体。这就会不可避免地造成一些不良结果。有的学生会有意把良好的一面展示给老师，老师不在时又是另一个样子，我们显然不希望培养出这样阳奉阴违的学生。更多的学生则因为良好表现没有被老师看见，没有得到应有的鼓励，因而有失公平。"一言堂"的总结也会让班主任错失培养学生班级主人翁意识的机会。

从三年级开始，我就把晨会与夕会放权给值日班长，由他主持。在晨会课上，值日班长围绕班级的近期目标向全班征集"友情提示"，而学生会结合近几天夕会上总结的问题来提，这样既具体，又可以加深印象。放学时，值日班长再询问这一天大家的不足与进步，最后根据早晨的"友情

提示”与白天的表现进行总结。

从学生中收集信息进行总结，更令学生信服，也能够提升学生对班级的关注度。同时，每一名学生都有机会成为值日班长，这真正实现了总结的“话语权”共享，也让学生在总结时更加投入。

明确“参照”，精选“故事”，以生为本——做好这些，班级总结就会落地生根，播撒到学生的心田。

>>> 龚天羽　江苏省苏州工业园区星洋学校

班级年度人物评选：期末评优新尝试

现行的评优方案往往对学生的成绩有严格规定，对学生的工作业绩有明确要求，候选人集中在为数不多的优秀学生身上。这种方案的缺陷是覆盖面太窄，不能全面反映学生情况。

为了让期末评优工作达到“让优秀学生得到鼓励，让后进学生看到希望”的教育目标，我们班制定了“班级年度人物评选”期末评优方案。

一、确立奖项，制定标准

我把开展“班级年度人物评选”活动的设想与班干部进行了沟通，得到了他们的积极响应和大力支持。我让班干部负责设置奖项和制定评选标准。他们在充分征求同学意见的基础上，根据班级实际情况，确定了能够凸显班级正能量的六个奖项、称号和评选标准。

乐于助人奖，称号“班级暖手宝”：虽无悬壶济世功，心肠亦可暖人间。

动手能力奖，称号“班级巧巧手”：手比鲁班夺天工，心似月英木化龙。

品行端正奖，称号“班级向日葵”：欲比芙蓉尚觉浅，以己之身彩人间。

运动强人奖，称号“班级闪电侠”：人动似电身形幻，风过无影始觉寒。

文艺积极奖，称号“班级绿思达［英文新星（new star）的音译］”：华灯早灭星未湮，点点银光亮天边。

人际良好奖，称号“班级开心果”：堂前初过新识客，庭下茶香见旧颜。

二、提名奖项候选人

根据奖项和评选标准，全员参与提名候选人。每个学生都可以提名别的同学，也可以被其他同学提名，要写出100字左右的提名理由，交给班委会。提名的过程实际上是同学之间相互寻找优点、相互鼓励、相互赞美的过程。这有利于提高班级凝聚力，形成良好的班风，传播班级正能量。最后，六个奖项共提名54个学生，占班级人数的82%。

三、全员参与，民主评选

班长在黑板上依次列出每个奖项的候选人名单，由文娱委员主持评选，宣读每个被提名学生的提名理由。宣读提名名单和提名理由能够使这些学生的优秀行为和品质得到同学们的肯定和鼓励，产生榜样示范作用。即使最后有的学生没有获奖，评选过程本身就是对学生积极参与班级活动的奖励。学生听得喜笑颜开，不时掌声雷动。由于参与人数比较多，每个奖项评选了2名获奖学生，最终共有12名学生入选。

四、精心设计奖品和颁奖词

对学校评奖，学生真正在乎的不是得到多么贵重的奖品，而是享受被奖励、被肯定的荣誉。因此，奖品不求昂贵奢华，但是一定要体现班委会和班主任对评选活动的重视和用心。由于学生忙于准备期末考试，这个事情主要由我完成。受电视上各种颁奖晚会启发，我把每个获奖学生的照片、所获称号和评选标准设计成一张图片，在网上定制印有图片的“奖杯”。这样的奖品美观精致，有特殊的纪念意义。

获奖学生的颁奖词原则上由提名的学生书写，也可由获奖者要求任何一名同学帮忙完成。这样就又有学生在书写颁奖词的过程中得到锻炼。

我们要求每一段颁奖词都注明作者，在颁奖典礼上一并宣读。这样，书写颁奖词的学生都很用心地准备，以展示自己的最高写作水平。事实证明，颁奖词的优美程度甚至超出了语文老师的预料。看来，只要用心，很多事情可以做得更好。现试举两例。

小之，“班级暖手宝”颁奖词：

她热情、善良、大方。当别人遇到困难时，她总是挺身而出，尽自己的努力去帮助他人；当别人伤心、难过时，她会用温暖的笑容融化别人心中的寒冰。她就像暖手宝一样，不仅温暖了我们的身体，更温暖了我们的心。她纯真的笑容，深深地打动了我们。她就是我们最亲爱的——小之同学。

——颁奖词作者：小莹

小涛，“班级绿思达”颁奖词：

众荷喧哗，而你是离我最近、最静、最温柔的一朵；繁星簇拥，而你是那天上最美、最亮、最动人的一颗。爱卖萌，爱发呆，成天吵吵嚷嚷的语文课代表。写文章让人无语凝噎，弹钢琴让人赞不绝口，她就是正在闪耀着点点星光的班级 new star——小涛同学。

——颁奖词作者：小耕

五、举行隆重的颁奖典礼

班会课上，我把“奖杯”一字排开摆放在讲台上，由班长主持颁奖典礼。伴随优美的音乐，主持人深情地朗读大屏幕上每个获奖者的颁奖词，学生的欢呼声、尖叫声连成一片。我负责给每个获奖学生颁发“奖杯”，并且合影留念。这样的表彰，对学生的影响是深远的，会让学生刻骨铭心。

六、家长反馈，形成教育合力

我把班级年度人物的评选方案、获奖名单、颁奖词、颁奖典礼照片等资料，全部上传到班级家长QQ群，这引发了家长广泛的关注和讨论。家长们特别欣赏这个活动，也特别欣慰于自己孩子所取得的进步，一致对活动表示肯定。

至此，“班级年度人物评选”活动落下帷幕。这次活动虽由我倡议举行，但具体操作细节由学生负责，这调动了学生的参与积极性，为更多的学生提供了展示才华、体验成功的舞台。

>>> 彭祎昀　湖南省长沙市明德中学

班级工作的“三大法宝”

担任班主任以来，我长期与“后进班”结缘。今年接手的新班，在开学报到第一天就有学生给我来了个下马威。

报名后，学生正在教室里等着排座位。突然，有个男生大声嚷嚷道：“我要回家了！有话快说，有屁快放！”我一愣，着实吃惊不小，这个学生刚照面就和班主任杠上了！开学才两天，班级成绩排名靠前的学生纷纷要求转到其他班级去。

看来我这个班主任工作可不轻松，要是没有点儿撒手锏，这个“后进班”是不可能发生蜕变的。

一、创设新闻教育情境：感受科学技术力量，激发学生的求知欲望

第一节班会很重要，能否找准切入点，激发学生的兴趣，关系到学生是否愿意接受你、认可你。第一次班会的成功能令今后的班级工作事半功倍。因此，我做了精心策划和准备。

“同学们，今天这节班会课，由我来给大家讲故事！”我的话音刚落，全班响起了掌声。

于是，我从第二次世界大战和中国的抗日战争谈起，讲到美国的两颗原子弹在日本爆炸，加快了日本的投降和“二战”的结束；讲“二战”后的世界格局，美国无处不在的军事干预；再讲当前的世界局势——从巴以冲突到南海仲裁案，再到中国的崛起、“一带一路”“互联网 +”……

最后，我小结道："科学技术的发展对'二战'的进程以及'二战'后的世界格局变化有重要影响。邓小平提出'科学技术是第一生产力'的重要论断。21世纪是科学技术全面发展的世纪，科学技术成为世界各国综合国力较量的主战场。展望未来，科学技术将改变人们的工作、学习和生活方式以及价值观念。科学技术对人类很重要，青少年正处于长知识、长智慧、长才干的黄金时期，一定要好好地学习科学文化知识。"

下课铃响了，学生意犹未尽，我却适可而止、打下伏笔："同学们，我们下节课再继续好不好？"全班响起了热烈的掌声。

明代东林党领袖顾宪成有副名联："风声雨声读书声，声声入耳；家事国事天下事，事事关心。"但班上有的学生公然宣称："我家一个月收的房租就有两万多元，根本就不用读书！""师者，所以传道受业解惑也"，但"传道受业解惑"不能停留在照本宣科、讲大话套话上，只有结合社会实际，才能引发学生的共鸣。为此，我每天都准点收看中央电视台《新闻联播》，并留意《环球视线》《今日关注》《深度国际》等节目，关注时事新闻，关注世界格局变化，关注社会进步，关注科技发展。在班会上，我用活生生的事例佐证知识的重要性，以扭转学生的"读书无用论"，激发学生的求知欲望。这一"法宝"，我用了一届又一届，效果良好。

二、再现法律案件情境：培养遵纪守法意识，规范学生行为

近年来，未成年人违法犯罪呈现低龄化的趋势。不少青少年在校厌学、行为表现差，长期缺乏与师长的沟通交流，由于涉世未深，缺乏管教，可能滑向违法犯罪的边缘，也给了别有用心的人可乘之机。

于是，上课前，我会拿出五分钟时间，讲述有教育意义的法律案件，和学生一起议案说理。

比如，我给学生讲述《法治在线》播出的《三个嫌疑人》的故事。某日，杭州市公安局余杭分局接到报警电话，报警人称自己的侄女小婷吃中饭时与家人争执后离家出走失踪。小婷失踪七日后，遗体在一个荒芜的小

树林内被找到。连日的大雨冲刷、烈日暴晒给案件的侦破带来极大的困难，但通过努力，警方在监控录像中寻找到线索，揭开了少女被害的真相。小婷永远不会想到自己赌气出走会酿成悲剧。青少年涉世未深，不管和家人有着怎样的矛盾，离家出走都不是解决问题的好方式，应当和家人多交流沟通，切勿给别有用心的人可乘之机。

初中生心智尚未成熟，开展养成教育至关重要。利用课前的几分钟时间，再现《今日说法》《法治在线》等栏目的典型案件，一方面可以让学生了解如何为人处世、学会自我保护；另一方面，也可以让学生明白现代侦案手段的先进，警方可以通过监控、模拟侦察实验等，用犯罪现场遗留的毛发、血液、唾液等生物检材进行血型、指纹鉴定，从而锁定并缉拿罪犯。这样也是以实际案例告诉学生，如果犯罪，高新科技会让罪犯无所遁形。

三、共享名人教育资源：明辨人生价值取向，激励学生拼搏进取

每次班会课前，我都会让一个学生查找资料，班会课上，请他走上讲台给同学们讲一个五分钟左右的名人传记故事。

几年来，学生讲述了许多明礼诚信、勤俭自强、奋斗成功等方面的故事。比如，有一个学生讲到“银行家和两个小男孩”的故事：从哥哥为生活所迫当街叫卖商品，在换完零钱回来找银行家的路上受伤；到第二天弟弟替哥哥还钱；再到银行家被两个小男孩的诚信感动，开始资助两个贫困小男孩。曲折的故事打动了同学们的心。

通过班会课，学生共享了很多名人传记或励志故事，揭示了名人成功的秘密：是勤奋和坚持造就了他们的成功。听完故事后，由学习小组组织讨论，我再进行总结、提炼，并要求学生每人写一篇相关主题的周记。依靠这种方法，我成功开展了多种主题教育活动。

通过不断努力，班级面貌逐渐改善：开学第一天当面和我叫板的刺头心态变平和了，积极上进了；进校时学习成绩排名全年级倒数第 13 名的学生，逐渐改变了“读书无用论”，在期末考试中学习成绩进步明显。他妈妈告诉我：“我每天早上四五点起床卖菜，现在儿子每天也四五点就起床读书。”我听了很受感动，在班会上用他的例子激励其他学生。每周进行的四项评比，我班稳居年级第一，班级平均成绩也跃升至年级第二名。

利用时事新闻让学生感受科学技术的力量，认识学习知识的重要性；利用法律案件时刻提醒学生遵纪守法，做合格公民；利用名人故事激励学生在布满荆棘的成长道路上奋勇向前，可称为我班级工作屡试不爽的“三大法宝”。

>>> 张建琴　福建省龙岩市第七中学

把小事做出教育的味道

学校安排我接任班主任。上任一周后，我发现班级在打扫卫生方面存在问题——尽管学生打扫得很认真，但走廊和楼梯总是扫不干净，而且每次打扫都需要很长时间，影响正常学习。

怎么办呢？经过认真思考，我决定把“打扫卫生”作为班级综合实践活动课程来研究，与学生一起探索。

利用周一班会时间，我组织学生现场观察、讨论打扫楼梯和走廊地面时遇到的问题，分析原因，让学生献计献策：怎样才能打扫得又快又好？最后，我们商定，从第二天开始进行小组比赛，每个小组自行确定方案，集体检查打扫情况，周五进行总结、评比。

一周很快过去了。根据检查评比结果，我让每个小组分别谈论本组的经验和遇到的新问题。有人说刚擦过之后踩上去就会留下脚印，有人说拖把使用起来不方便，还有人介绍自己的成功经验，如怎样合作、怎样改进卫生工具等。经过一番商讨，我们约定下周再进行一次比赛，看哪个小组用时最短、效果最好。通过上一次的研究，各小组把重点放在“同学之间如何合作”“如何确定打扫顺序”“如何改进卫生工具”三个方面上。这一次，学生还真是有模有样地研究出了成果。

我们如约进行了第二次评比和总结。我提议这次重点总结经验，找出遇到的新问题，以及自己解决问题的设想、打算。这一次收获果然不小，大家总结的主要经验和成果有：打扫顺序应该是由远及近或从上到下；在打扫时间安排上，应该在下午放学后进行重点打扫，第二天上午到校后用半干的拖把重点清理死角；在组织安排上，要注意清洗工具和现场打扫密切配合、交替进行；还有使用工具的几个要点，如抹布叠好后一面面使用，集中清洗拧干后再使用，拖布一定要清洗干净并挤干水分，倒退着拖地；在工具改进方面，比如，给抹布加个把儿，使其变成“听话拖布”，机动灵活，还有第三小组、第五小组分别发明了“纯棉拖把挤干器”“多功能垃圾夹”。打扫卫生的比赛，俨然成了小发明、小创造比赛。

我趁热打铁，进一步引导学生把经验和成果等写成书面材料，比如《第 × 小组卫生扫除改进方案》《× × 工具设计制作方案》或《对 × × 的研究》《对 × × 的建议》《× × 的设想》等，可以把研究成果进行完善并记录下来，参加市级青少年科技创新大赛。大家一听，积极性更高了。

此后，我们班还征求大家的建议，设立了卫生文明岗，推选有责任心的学生担当巡查员。同时，我们向全校师生发出了“洁净校园，从我做起”的倡议，号召大家“低碳环保不撕纸，保护环境不扔纸，爱护身体不吃零食，见到垃圾弯腰捡起”等。我们还开展了“三个一行动”，即“每人一个垃圾袋挂在课桌腿上，每人一块小抹布放在课桌右上角，每人分担一份卫生清洁任务”。

经过这样一番研究、实践并不断改进，学校卫生循环红旗周周落户我们班，学生的干劲十足，班级卫生区域越来越干净。

一件小事，我和学生越做越起劲，越做越有感觉。这也是一种朴实、有效的教育方式——看得见、摸得着的教育体验，让学生逐渐喜欢上了劳动，找到了劳动的快乐，尝到了合作探究、发明创造的快乐。我打算把这种比赛坚持办下去并不断深化。让每个学生热爱生活、乐于合作、善于创新，是教师义不容辞的责任。从身边的小事做起，不用简单的手段管学生，而是把小事做出教育的味道，应该成为学校教育追求的方向。

>>> 张扩壮　山东省滕州市姜屯镇党村小学

班级成长日记“升级”记

班级成长日记曾经在我的班级建设中发挥了积极的作用。每天记录一次“我心中的学习之星”“我心中的进步之星”“我最好的朋友”“感动班级的一件小事”“我的反思”等，使学生的优点得到了发扬和推广，使班级的好人好事得到了宣传，在班集体树立了很多榜样，班风和学风变得更加积极向上。

但是任何措施都会产生“审美疲劳”，一段时间后，班级成长日记出现了以下问题。一是大家的记录“千篇一律”，内容雷同，甚至有时还会出现抄袭现象。二是机会不均，有的学生的名字在一个月内多次出现，有的学生被表扬次数多了，变得对表扬没有感觉；而另一些学生的名字一次也没有在成长日记中出现过。这些都违背了写班级成长日记的初衷，使写班级成长日记变成了形式，失去了意义。

如何有效解决这些问题呢？经过思考，我决定对班级成长日记进行“升级”。

首先，我带领学生在班会课上讨论班级成长日记给班集体带来的影响及存在的问题。通过讨论，大家认为班级成长日记给班集体带来了非常好的影响，应该继续认真写下去，同时也谈到在写班级成长日记中出现的不好的现象，并对这些现象提出了批评。通过讨论，大家端正了对班级成长日记的态度，改变了学生的一些错误认识和错误做法。

其次，我们对班级成长日记的记录提出了明确要求：一个月内，同一个学生的名字不能出现两次以上，尽量给更多同学获得表扬的机会。

最后，设立班级 VIP 制度，对在班级成长日记中被评为“学习之星”“进步之星”“最好的朋友”的学生由宣传部进行记录，当同一个人获奖累积到五次时，将成为班级 VIP。成为班级 VIP 的，可以从以下特权中任选一项作为奖励：①在班会时指定任意一名同学为自己唱歌；②在一周内可以和任意一名同学调换座位；③可以申请用班费为自己买一个 5 元以内的小礼物；④可以请班主任亲手给自己的父母送上喜报。

通过以上“改进”措施，班级成长日记重新焕发了活力，内容雷同的现象大为减少，更多优秀的人和事被大家发掘出来，同时大家也努力变成更好的自己。大家最希望得到的奖励是成为班级 VIP，并且常常会选第一项特权作为奖励。每当成为班级 VIP 的学生“一脸得意”地指定和自己要好的同学唱自己点的歌，而被指定的学生“一脸不服”地在讲台上拿着话筒唱歌时，教室里便充满了欢声笑语。

通过“升级”，班级成长日记发挥着更大的作用，越来越多的学生希望成为大家眼中的“学习之星”“进步之星”“最好的朋友”等。未来班级成长日记还可能出现问题，但我认为，出现问题意味着它将有更多的“升级”机会，也就意味着会给学生带来更多的成长机会。

>>> 李二军　河南省济源市北海中学

四招化解学生挑衅

在工作中，教师难免会遇到学生的挑衅。如何有效应对学生挑衅呢？下面试举四例，予以说明。

一、挑衅原因：纯属好玩，只为调侃老师

策略：不妨幽默待之

接新班的时候，我告诉学生，以前教过的学生为了防止写错我的姓，于是叫我西早老师。

话音刚落，下面一个学生脱口而出："啊，什么？叫洗澡老师！"声音响亮，全班都听到了。大家齐刷刷地望着那个学生，不少人笑了起来。笑了一阵，似乎又感觉这样笑话老师不对，教室里的空气渐渐变得沉重起来。

我也望着那个学生，我想从他的眼睛里看出来，他这样"非礼"一位美女老师，究竟是何种意图。当我看着他的时候，他居然一点儿不知道什么地方得罪了我，一个劲地傻乎乎笑，还自鸣得意。直到全班学生都盯着他看，他才不好意思地低下了头。

初次见面的印象，会对今后三年的教育产生影响。于是，我笑着打破这凝固的气氛："洗澡老师很好啊，带着大家在知识海洋里遨游，为大家的心灵洗澡，这恰好是我工作的真实写照。我喜欢这个名字。"从此以后，我又多了一个雅号"洗澡老师"，那个调皮学生对我更是敬佩有加。

我不时推荐学生看经典名著，有些孩子想偷懒，我笑着说："你以为洗澡老师徒有其名啊？到经典的海洋里去洗澡，男孩更加有气质，女生更加有内涵！"

对于学生对老师并无恶意的调侃，我们不妨幽默一下，将"坏事"变成好事，还能赢取不少学生"粉丝"的青睐呢。

二、挑衅原因：想激怒老师，以获得心理上的满足

策略：不被学生激怒，不生气，不接招

小武有一段时间令我头痛，无论怎么帮扶，他就是不上道，还在周记本上写着"我讨厌写周记"。他这样直白地表达自己的情绪，无外乎想激怒老师。这类学生以激怒老师为乐，最好的应对办法是以静制动。

面对他的挑衅，我没有正面回复，只写了一句："文笔不错，叙事详细。"

第二周上交周记，他居然在我的评语下面赫然写道："我讨厌虚假的赞扬！我再也不写什么周记了。"

我看后，在下面画了一个笑脸，什么也没说。

第三次布置周记，我在班上强调，不要写虚幻的小说和言情故事，多写身边的事，记录生活中的点点滴滴。谁知道他故意和我对着干，偏偏写了武侠小说！

那一天，耀眼的阳光透过玻璃窗照在我的办公桌上，有点儿刺眼。看着他的周记，我开始认真思考：他连续不断地和我对着干，究竟是什么原因呢？最后，我判断，他只是想激怒我，让我放弃对他的教育，这样他就自由了。

对这样的孩子，我偏偏不生气，只在他的武侠小说后面写了一句话："侠义江湖，其实我也喜欢。你的武侠世界让我看见了你的侠肝义胆。"

这一次，他居然没有再写过激话语，反而交上了写得工工整整的

作业。

学生往往反感老师教育目的明显的做法，当我们带着改造他们的目的走向他们时，他们会不自觉地叛逆，想激怒你，惹恼你，让你对他们失望，然后他们就可以不受老师的约束了。对这类学生，不被学生激怒，不生气，不接招，是我的应对之策。他们折腾几次，觉着没趣，觉着你不易动怒，也就慢慢消停下来。

三、挑衅原因：不满老师的态度或行为，为自己辩护

策略：处乱不惊，不做学生讨厌的那个人

当学生意识到自己的错误，但是又不想被批评时，出于自我保护的心理，他们可能会撒谎、辩解，甚至和老师针锋相对地争吵。

有个叫欣欣的女生高一时酗酒、打架、旷课、彻夜不归，搅得班主任和家长一天到晚不得安宁。无奈之下，学校将她分到我们班。刚进班不久，她就开始旷课。我找她谈话，问她为什么不来上课。她眼睛直愣愣地盯着我，翻了个白眼，蹦出一句话：“我不想来就不来，没什么理由。”很干脆，也很不耐烦。

“你不来，不怕覃老师担心吗？我会担心你是不是生病了，担心你在路上一不小心出了安全问题。人啊，生命最重要。你说呢？”我释放了自己的善意。

这时，她的戒备情绪有所缓解：“我以后不旷课了，如果我旷课你就请家长。”

“你是重情重义的女生，我相信你不会让我为你担惊受怕的。何况上学是你自己的事情，我们俩解决就可以了，为什么要请家长？”我笑着说道。

“只要我犯错，你们当老师的，都喜欢叫家长来，不是吗？”

“看来你不喜欢叫家长来，是吗？”

"当然，我讨厌你们这样做！"

"对，我也讨厌叫家长来。我们可以解决的事情，为什么要他们操心呢？"

从那以后，我发现这名女生远没有高一时那么刺头了。老师处乱不惊，学生也就收起了她的刺。学生讨厌我们请家长，我们何必要做学生讨厌的那种人呢？

四、挑衅原因：想激怒老师，引起关注

策略：让你做我重视的学生，也让你做我的铁杆"粉丝"

小伟没有交作业，我说："给我一个不交作业的合理理由。"小伟说话很冲："不会做，不喜欢你上课。你去问问，班上有几个人喜欢你的课！"话一出口，噎死人。

我冷静了一下，柔声问道："哦，我很意外，你能告诉我哪些人不喜欢我，我该怎么改进吗？"

他支吾了两下，很犹豫地说出了两个学生的名字，还不忘强调一下："他们都说你的课听不懂，也不喜欢你的上课方式。"

"是哪些课文听不懂？第一单元还是第二单元？"我很耐心地追问。

"诗歌单元听不懂。"

"哪些课你听得懂？"我继续问道。

见我态度好，他说话没那么冲了："说明文单元，文言文也还凑合。"

"我明白了，"我笑道，"对于擅长理科思考的你和你刚才说的那几个同学来说，对诗歌意象、意境这些需要揣摩、感悟的东西理解困难，是吗？"

他恍然大悟："是的。你上课，就那些叽叽喳喳、头脑简单的女生喜欢！"

哦，听着他那醋意十足的话，我明白了问题症结所在。这一届，我带

的是理科班，有的理科男对文学性的东西拙于感性表达，看到女孩子们在我面前风光，自然心里不是滋味。

既然如此，我就针对上课方式、效果等继续追问，并且把他当成我的“救命恩人”，因为“是他告诉了我问题所在”。聊完之后，小伟居然表扬我：“覃老师，您是我遇到的最平易近人的老师。”

我赶紧跟进：“老师想请你帮个忙，去班上征集建议和点子，好吗？”他答应了。后来，他帮我征集了不少建议，让我们的课堂探讨更加高效。

经常站讲台，哪里总会风平浪静。人上一百，形形色色。当学生对老师出言不逊，想要挑衅老师的时候，我们不妨冷静下来，千万别上他的套。一个老师被学生的情绪牵着鼻子走，那才叫一个字——冤！

>>> 覃丽兰　湖南省怀化市铁路第一中学

图书在版编目（CIP）数据

更好的班级管理智慧 / 赵福江主编. --上海：上海教育出版社，2021.8（2023.6 重印）
ISBN 978-7-5720-1116-0

Ⅰ.①更… Ⅱ.①赵… Ⅲ.①中小学—班级—学校管理—文集 Ⅳ.①G632.421-53

中国版本图书馆 CIP 数据核字（2021）第 163778 号

策　　划　源创图书
责任编辑　董　洪
特约编辑　李热爱　张万珠
责任印制　梁燕青
装帧设计　许　扬

Geng Hao De Banji Guanli Zhihui
更好的班级管理智慧
赵福江　主编

出版发行　上海教育出版社有限公司
官　　网　www.seph.com.cn
地　　址　上海市闵行区号景路159弄C座
邮　　编　201101
印　　刷　北京华宇信诺印刷有限公司
开　　本　710×1000　1/16　印张　13.25　插页　1
字　　数　190千字
版　　次　2021 年 9 月第 1 版
印　　次　2023 年 6 月第 3 次印刷
印　　数　9,001—12,000 本
书　　号　ISBN 978-7-5720-1116-0/G · 0875
定　　价　58.00元

如发现质量问题，请向本社调换　电话 021-64373213